Marieluise Bierbaum

Mütter und Töchter

Eigenständig leben und einander nahe sein

BRUNNEN
VERLAG GIESSEN · BASEL

Umschlagmotiv: IFA Bilderteam, Frankfurt
Umschlaggestaltung: Ralf Simon
Satz: DTP Brunnen
Druck und Bindung: Ebner & Spiegel, Ulm
ISBN 3-7655-3756-X

Inhalt

Aus eigener Betroffenheit 7

Eine Mutter sein 10

1. Muttersein: Eine biologische Aufgabe 12
2. Mütterlichkeit 13
3. Muttersein: Ernähren, beschützen, fördern 15
4. Überhöhte Mutterbilder 16
5. Mutter werden oder nicht? 20

Phasen im Leben einer Mutter 23

1. Mutter von kleinen Kindern: Bestätigung und Überforderung 23
   Erfüllung einer unbestimmten Sehnsucht 24
   Andauernde Erschöpfung 26
   Prägungen und frühe Rollen 28
2. Mutter von heranwachsenden Töchtern: Loslassen 33
   Das Wunschbild 36
   Die Kontrolle 39
   Die Sorgen 41

3. Mutter von erwachsenen Töchtern:
Abstand halten 47
Die kontrollierende Mutter 51
Die konkurrierende Mutter 53
Die renommierende Mutter 54
Die besitzergreifende Mutter 56
Die überbehütende Mutter 57
Die anklagende Mutter 59
4. Die hilfsbedürftige, alte Mutter:
Macht und Ohnmacht 60
Die Selbständigkeit erhalten 61
Die Tochter in erreichbarer Nähe 64
Das Zusammenleben bei der Tochter 65

Mütter erzählen 71
1. Meine Beziehung zu meinen drei Töchtern 71
2. Was habe ich nur falsch gemacht? 73
3. Wenn sich Muster wiederholen 76
4. Gleichrangiges Gegenüber 78
5. Meine Tochter ist ganz anders als ich 81

Töchter erzählen 84

1. Auf meine Mutter kann ich mich hundertprozentig verlassen 84
2. Nach außen stark, innen weich 86
3. Vielleicht ist Veränderung doch omöglich 89
4. Wir bildeten eine Art Festung 91
5. Sie hat meinen Mann immer abgelehnt 94

Aus der Sicht der Tochter 98

1. Das Kleinkind: Die hilflose Abhängigkeit 99
2. Das Mädchen: Die grenzenlose Bewunderung 101
3. Der Teenager: Die schmerzhafte Abnabelung 102
   Stiller oder lautstarker Protest 102
   Verantwortung der Mütter 104
4. Die erwachsene Frau: Die gewonnene Selbständigkeit 106
   Der ungeliebte Vergleich 110
   Das erkämpfte Selbstbewusstsein 111
   Die doppelte Herausforderung 114

Leben und leben lassen 117

1. Die realistische Einschätzung 117
2. Das klärende Gespräch 119
3. Die belastende Schuldfrage 121

4. Die befreiende Versöhnung 123
5. Die innere Heilung 128
6. Die beste Mitgift: Das Gebet 133
7. Die große Dankbarkeit 137

Ein persönlicher Blick nach vorne 143

Aus eigener Betroffenheit

Mit hochrotem Kopf und schmerzendem Rücken bin ich dabei, mit einem kleinen Messer das Gras aus den Fugen zwischen den Platten im Gartenweg wegzukratzen. Ich hasse diese Arbeit und habe auch eigentlich gar keine Zeit, und – ehrlich gesagt – mich stört das Gras auch gar nicht. In unserem sowieso mehr naturbelassenen Garten passt es irgendwie ganz gut.

Da kommt meine Tochter um die Ecke. Sie betrachtet belustigt die Szene. Und statt mich zu loben oder zu bedauern, meint sie kurz: „Ach, ich sehe, Oma kommt!"

Und so ist es tatsächlich. Meine Mutter hat sich für einen Besuch angesagt. Da weiß ich, ohne lange und bewusst darüber nachzudenken, was nun dran ist. Das ist bei ihr ganz besonders der gepflegte Garten. Ich kenne ihren Blick beim ersten Gang ums Haus und die feine Bemerkung: „Gut, dass ich mal wieder da bin."

Ich habe wirklich viel Besuch und schäme mich meines Gartens eigentlich nie. Aber wenn meine Mutter kommt, vergesse ich alle meine Prinzipien, mein Selbstbewusstsein schrumpft bis zur Selbstverleugnung, und ich unternehme Anstrengungen, wie ich es sonst nie tun würde.

Das ist doch merkwürdig. Woher kommt dieser innere Zwang, es meiner Mutter unbedingt recht machen zu wollen? Mich nach ihren Maßstäben zu richten? Von ihr gelobt zu werden? Was sonst keiner von mir verlangen darf, keine Freundin, Kollegin oder Nachbarin, weder Ehemann noch andere Verwandte – meine Mutter kann es offenbar und das sogar wortlos und ohne direkte Aufforderung.

Eine lange gemeinsame Geschichte zeigt hier ihre Auswirkungen. Und oft genug entstehen durch Missverständnisse und falsche Einschätzung Probleme, die uns das Leben schwer machen und doch eigentlich gar nicht nötig wären.

Erst nach vielen Jahren der mühevollen und zeitweise spannungsreichen Anstrengungen habe ich im Gespräch mit meiner Mutter entdeckt, dass es gar kein versteckter Vorwurf war, so wie ich es verstanden hatte, sondern dass sie es wirklich so meinte, wenn sie sagte: „Kind, ich weiß doch, wie viel du zu tun hast. Da lass mich ruhig etwas helfen. Du weißt ja, wie gern ich im Garten arbeite. Ich mache es wirklich gern."

Ich kenne viele Frauen, die ähnliche Situationen erlebt haben und erleben. Was bei mir der ungepflegte Gartenweg war, sind bei der einen die fehlenden Gardinen und ist bei der anderen die Kleidung der Kinder. Der Anspruch meiner Mutter bestimmt dabei meist unbewusst die Anforderungen, die ich selbst an mich stelle. Und es führt unweigerlich zu Problemen, wenn die Maßstäbe, nach denen ich mein Leben führen möchte, weit von denen entfernt sind, die meine Mutter für wichtig hält. Da ist dann viel Toleranz und gegenseitiges Verständnis gefragt.

Dieses Buch soll eine Hilfe sein, zu diesem gegenseitigen Verstehen zu finden.

Die Literatur zum Mutter-Tochter-Thema ist inzwischen sehr umfangreich. Ich will mich hier darauf beschränken, einige Schneisen in diesen dichten Wald zu schlagen, indem ich aus meinem eigenen Erfahrungsbereich Themenkreise anspreche, die immer wieder genannt werden und in denen sich viele selbst wiederfinden. Ich will versuchen, Denkanstöße für neue Erkenntnisse und Wege zu geben, damit uns unnötige Probleme und Sackgassen erspart bleiben.

So soll das Buch zu einer realistischen und bewussten Einstellung in der Beziehung zwischen Müttern und Töchtern verhelfen. Einer Beziehung, die oft schwierig ist und doch so schön sein kann.

Eine Mutter sein

Das Thema geht mich nicht an“, sagte eine Frau, als sie zu einem Vortrag über „Mütter und Töchter“ eingeladen wurde. „Ich habe nämlich keine Kinder.“

Ist das Mutter-Thema nur für Mütter interessant? Mitnichten! Auch wer selbst nicht Mutter *ist, hat* eine Mutter. So gesehen ist es auch ein Thema für Männer.

Egal, ob wir allein stehend oder verheiratet sind, tätig im Beruf, zu Hause oder außerhalb, kinderlos oder Mütter von Söhnen oder Töchtern, Großmütter oder Schwiegermütter, eins haben wir alle gemeinsam: Wir sind Töchter von Müttern.

Ich selbst bin Tochter einer starken Mutter. Sie war nur 1,54 m groß, aber eine starke Frau. Stark im Lieben, stark im Leiden, stark im Glauben. Welche Spuren ihr Leben in meinem Leben hinterlassen hat, wage ich mir kaum auszumalen. Eins ist jedenfalls klar: Mit einer anderen Mutter wäre ich ein anderer Mensch, und das nicht nur wegen der vererbten Gene.

Nun bin ich wiederum Mutter einer Tochter. Sie ist fast einen Kopf größer als ich und eine starke Frau. Stark im Lachen, stark im Weinen, stark im Willen. Dazwischen stehe ich, und mir wird immer mehr klar, dass das Mutter-Tochter-Thema drei Generationen umspannt. Wie weit der Einfluss geht, von der Gegenwart in die Vergangenheit und in die Zukunft, ist oft viel zu kompliziert und vielschichtig, als dass man alle Fäden von Ursache und Wirkung entwirren könnte. Aber hier und da taucht doch wie ein Blitzlicht plötzlich eine Eigenart bei meiner Tochter auf, die ich doch schon von meiner Mutter kenne!

Die Mütterlichkeit, die eine Frau besitzt, die Wärme

und Emotionalität oder auch die Distanz und Sachlichkeit entwickeln sich im Leben als Tochter, und das hängt ganz eng mit der eigenen Mutter zusammen. Was sie in die Tochter hineingelegt hat, bleibt nicht ohne Auswirkung. Alle Liebe, alles Vertrauen, die positive Einstellung zum Leben, aber auch alle negativen Eigenschaften und Einstellungen haben gewollt und ungewollt Vorbildcharakter. Sie werden von der Tochter übernommen. Und die Tochter erschrickt später, wenn sie manchmal sogar Verhaltensweisen, die sie eigentlich bewusst ablehnt, doch in ihrem eigenen Leben wiederholt.

Auch die Mütter stehen in einer Generationenkette von Bekommen und Weitergeben, und da sind die Ausstattungen sehr unterschiedlich. Wie sollen Töchter, die keine Liebe und kein Vertrauen erfahren haben, als Mütter Vertrauen aufbauen? Woher sollen sie Verständnis und Erziehungskompetenz nehmen, wenn sie diese selbst nicht erlebt haben? Deswegen ist bei Schuldzuweisungen ganz besondere Vorsicht geboten.

Heute wird deswegen mancherorts eine Art Ausbildung zur Elternschaft gefordert. So wie man fürs Autofahren einen Führerschein brauche, so brauche man für die Kindererziehung einen „Erziehungsschein“. Ob dies die Lösung des Problems sein kann, weiß ich nicht. Zumindest ist die Problematik erkannt.

Allerdings ist es mit richtigen Methoden für die Erziehung noch nicht getan, und die zahlreichen Bücher zu diesem Thema helfen nur bedingt. Wichtig ist vor allem, dass sich ein Mensch geliebt und gewollt wissen sollte. Wenn das so ist, dann sind Erziehungsfehler nicht so einschneidend. Wenn das nicht so ist, helfen die besten Erziehungsmethoden nicht.

1. Muttersein: Eine biologische Aufgabe

Eva heißt „die Mutter aller Lebendigen" (1. Mose 3,20). Die schöpfungsgemäße Bestimmung der Frau ist die Fähigkeit, Leben in sich wachsen zu lassen. Dies ist ein einmaliges und wunderbares Geschenk Gottes und die Grundlage für alles Muttersein. Dass es sich dabei nicht nur um eine glücklich machende, erfüllende Aufgabe handelt, sondern dass es mit Schmerzen und Nöten verbunden sein kann, darüber lassen uns die Bibel wie die Lebenserfahrung nicht im Zweifel. „Ich will dir viel Mühsal schaffen, wenn du schwanger wirst. Unter Mühen sollst du Kinder gebären" (1. Mose 3,16). So wird es der Mutter aller Lebendigen mitgegeben. Diese Mühsal bezieht sich wohl nicht nur auf die Geburt, sondern auf die Begleitung der Kinder, ihre Versorgung und Erziehung, bis sie erwachsen und selbständig sind und manchmal auch noch lange darüber hinaus.

Kein Mensch kommt als unbeschriebenes Blatt auf die Welt, wir haben schon eine neun Monate lange Geschichte. Diese Geschichte ist aufs engste mit der Mutter verknüpft.

Kein Mensch kommt aus dem Nichts. Er fällt nicht aus heiterem oder weniger heiterem Himmel. Wir werden alle von Anfang an in ein Beziehungsgeflecht hineingeboren. Und ganz am Anfang stand unsere Mutter. Sie ist die erste Person, mit der ein Mensch verbunden ist. Mutter und Kind haben die körperlich engste Verbindung, sogar einen gemeinsamen Blutkreislauf. Nicht nur Sauerstoff und Nährstoffe oder auch schädliche Substanzen gelangen von der Mutter zu ihrem ungeborenen Kind. Auch seelisches Befinden wie Freude, Ruhe, Gelassenheit und Hoffnung oder Aufregung,

Kummer, Sorge und Depression werden miteinander geteilt. So kommt ein Mensch nie als unbeschriebenes Blatt auf die Welt, sondern hat schon eine neun Monate lange Geschichte. Diese Geschichte ist aufs engste mit der Mutter verknüpft. Sie allein hat die körperlichen Voraussetzungen dafür, ein Kind zu ernähren und wachsen zu lassen und durch die Geburt zum sichtbaren Eintritt ins Leben zu bringen.

2. Mütterlichkeit

Doch Mutter zu sein ist mehr als eine biologische Aufgabe. Es beschreibt eine Wesensart, eine seelische Eigenschaft und emotionale Qualität, die nicht unbedingt an den körperlichen Geburtsvorgang gebunden ist. So können Frauen eine sehr mütterliche Ausstrahlung haben, selbst wenn sie gar keine leiblichen Kinder haben.

Ein mütterliches Wesen ist nämlich nicht vom Vorgang der Geburt abhängig und entsteht auch nicht erst dann, wenn eigene Kinder geboren sind. Zwar haben mir einige Frauen erzählt, dass sie sich in der Zeit der Schwangerschaft stark verändert hätten. Auch die Erfahrung mancher Mütter, dass der erste Blick auf das Neugeborene ganz neue Gefühle auslöst, ist sicherlich wahr. Vor einiger Zeit war in der Zeitung zu lesen, dass eine Mutter ihr neugeborenes Kind einen Tag, nachdem sie es in eine Babyklappe gelegt hatte, wieder geholt hat. Was, wenn nicht ihre neu erwachten mütterlichen Gefühl, hatte sie dazu bewogen? Doch der Wunsch, Kinder zu haben, geht bei den meisten Frauen zurück auf eine Ahnung von Erfüllung ihrer eigentlichen Bestimmung. Und daraus wächst eine große Sehnsucht, die durch die Geburt eines Kindes ihr Ziel findet. Wenn diese Sehnsucht nicht durch die Geburt eigener Kinder erfüllt wird, kann ein Gefühl des Mangels entstehen, das für die betroffenen Frauen oft sehr schmerzlich ist.

Wie gut ist es, dass solche Frauen ihre Mütterlichkeit, ihren Reichtum an Liebe und Wärme in der Begleitung und Erziehung nicht leiblicher Kinder einsetzen können. Ich kenne etliche Adoptivmütter, die ihren Kindern bessere Mütter sind als manche leibliche Mutter.

Auch die vielen Tagesmütter, Erzieherinnen, Krankenschwestern, Lehrerinnen und die anderen Frauen, die an vielen Stellen Kinder betreuen, setzen in Liebe und Verantwortung das Beste ein, was sie haben: ihre Mütterlichkeit. So erzählen zahlreiche Beispiele in Mission und Diakonie von Frauen, deren Mütterlichkeit für viele Kinder ein Segen war.

Dazu kann der Prophet Jesaja, der das Bild der Mutter auffällig oft gebraucht, mit Recht sagen: „Die Einsame hat mehr Kinder, als die den Mann hat“ (Jesaja 54,1).

Von Gott selbst heißt es bei Jesaja 66,13: „Ich will euch trösten, wie einen seine Mutter tröstet.“ Auf dem bekannten Bild von Rembrandt von der Heimkehr des verlorenen Sohnes hat der Maler ganz deutlich die liebenden Hände des Vaters, die auf dem Rücken des heimgekehrten Sohnes liegen, als eine Männer- und eine Frauenhand gemalt. Ein Bild für die mütterliche und die väterliche Seite Gottes.

Mütterlichkeit drückt sich in liebender Zuwendung, Annahme, Trost und Opferbereitschaft aus. Sie findet sich vollkommen nur bei Gott. Denn selbst die größte irdische Mutterliebe trägt den Keim der Ichsucht in sich; keine Mutter ist zu absolut selbstloser Liebe fähig. In ihre Liebe zu ihren Kindern fließen auch immer die eigenen Wünsche ein. Trotzdem ist wohl die tiefste Liebesbeziehung, die es zwischen Menschen gibt, die Liebe zwischen Mutter und Kind, so dass der Prophet Jesaja diese Liebe in einem Vergleich gebraucht, um die unendliche, vollkommene Liebe Gottes zu beschreiben: „Bringt eine Mutter es fertig, ihren Säugling zu vergessen? Hat sie nicht Mitleid mit dem Kind, das sie in ihrem Leib getragen hat? Und selbst wenn sie es vergessen könnte, ich vergesse euch nicht!" (Jesaja 49,15)

3. Muttersein – ernähren, beschützen, fördern

Neben der biologischen Funktion ist die tiefe Liebesbeziehung zwischen Mutter und Kind wohl die wichtigste und dauerhafteste Aufgabe einer Mutter, von der sich viele andere Aufgaben wie das Ernähren und Beschützen ableiten lassen. Diese Aufgaben beziehen sich im Wesentlichen auf kleine Kinder, die bis zu einem gewissen Grade hilflos und abhängig sind.

Das Ernähren beginnt mit dem Stillen des Säuglings und Füttern des Kleinkindes. Wenn man es weiter fasst und darunter das Versorgen mit allem, was zum Leben nötig ist, versteht, so bleibt diese Aufgabe noch längere Zeit in der Begleitung des Kindes bis zur völligen Selbständigkeit bestehen.

Oft wird als Bild für Mütterlichkeit das Beispiel der Glucke verwendet. So wie eine Glucke mit ihrem weichen Gefieder ihre Küken unter sich vor Kälte und Gefahr schützt, so schützt und wärmt eine Mutter ihre Kinder, jedenfalls so lange sie klein und hilflos sind. Auch die Futtersuche übernimmt die Glucke für ihre Jungen, indem sie sie lockt und zur Nahrung führt. Besonders bei Gefahr zeigt die Glucke ihre ganze Fürsorglichkeit, wenn sie sich mutig und opferbereit auf Feinde stürzt oder sie zumindest abzulenken versucht.

„Fördern" bedeutet, das Kind als eigenständiges Individuum zu erkennen und ihm zu helfen, seine ganz persönlichen Fähigkeiten zu entwickeln.

Es gibt eine weitere besonders wichtige Aufgabe des Mutterseins. Man könnte es das „Fördern" nennen. Es bedeutet, das Kind als eigenständiges Individuum zu erkennen und ihm zu helfen, seine ganz persönlichen Fähigkeiten zu entwickeln, damit es allein und selbständig im Leben zurechtkommt. Das ist das Beste, was eine Mutter für ihr Kind tun kann. Und da sie doch das Beste will, dürfte es hier doch eigentlich keine Probleme geben. Leider zeigt die Erfahrung, dass gerade dies ein Punkt ist, an dem viele Schwierigkeiten auftreten.

4. Überhöhte Mutterbilder

In vielen Köpfen herrscht ein stark überhöhtes Mutterbild. Es lebt von dem Gedanken, dass eine Mutter in der Aufopferung für ihre Kinder alles können muss und alles möglich machen kann. „A mother is she, who can take the place of all others, but whose place no one else can take." Das stand auf einem Lesezeichen, das mir meine Tochter vor Jahren aus England schickte. „Eine Mutter kann alle ersetzen, aber niemand kann eine Mutter ersetzen." Ich erinnere mich noch sehr gut, wie geschmeichelt ich mich fühlte, als dieses Lesezeichen aus dem Brief fiel. Zeigte es doch, welch hohe Meinung meine Tochter von mir hatte. Ich legte es dann auch so auf meinen Schreibtisch, dass ich es mir oft anschauen konnte. Doch je länger es lag und je häufiger ich es betrachtete, desto fragwürdiger wurde mir sein Inhalt, bis ich es schließlich nicht mehr ertragen konnte und es weglegte.

Mag auch die zweite Hälfte der Aussage stimmen, dass niemand eine Mutter ersetzen kann, wie überhaupt niemand einen anderen Menschen vollständig ersetzen kann, so ist die erste Hälfte des Satzes mit Sicherheit ein falscher Anspruch. „Eine Mutter kann alle ersetzen" – das stimmt einfach nicht. Es wäre auch schrecklich. So einen Anspruch und eine Forderung kann und muss keine Mutter der Welt wahr machen. Eine Mutter kann und darf keinen Vater, keine Geschwister, keine Freunde und erst recht keinen Ehepartner ersetzen. Ein Mensch muss in vielfältigen Lebensbeziehungen leben dürfen und nicht exklusiv in einer Zweierbeziehung mit der Mutter.

Es gibt aber auch noch ein anderes Bild der idealen Mutter, das der Wirklichkeit nicht standhält. Es zeigt die Mutter, die sozusagen ständig im Einsatz ist, weil sie sich ganz den Kindern und der Familie widmet. Sie ist absolut selbstlos, hat keine eigenen Wünsche oder ordnet ihre Interessen selbstverständlich und immer denen der übrigen Familie unter. Sie setzt ihre ganze Kraft dafür ein, ein Zuhause zu schaffen, in dem sich die Kinder wohl fühlen. Sie beklagt sich nie.

Diese Mutter geht völlig im Leben der Kinder auf. Sie hat zwar auch ein eigenes Leben, aber nur, so weit es mit dem Leben der Kinder nicht in Kollision gerät. Sie ist diejenige, die im Zweifelsfall zurückstecken muss. Eigenen Bedürfnissen kann sie nicht nachgeben, wenn dadurch die Kinder einen Nachteil hätten.

Diese Idealvorstellung lebt übrigens im Wesentlichen von der Idee, die die Mutter selbst in ihrem Kopf zusammengebastelt hat. Mit der Realität und den Erwartungen der Kinder hat dieses Bild meistens wenig zu tun. Es ist geboren aus den Erlebnissen und Wünschen der eigenen Kinderzeit und dem Willen, es entweder der eigenen Mutter gleich zu tun, wenn die Frau das Verhalten der Mutter als gut erlebt hat, oder es eben ganz anders zu machen, weil sie die Verhaltensmuster als schädlich und negativ empfunden hat.

Ein überhöhtes Mutterbild, egal, wie es im Einzelnen aussieht, ist schädlich für Mütter und Kinder. Man tut Müttern keinen Gefallen, wenn man sie auf ein Podest erhebt, einen Anspruch an sie stellt, den sie realistisch betrachtet nicht erfüllen können und aus vielen Gründen auch nicht erfüllen sollen. Je höher solch ein Podest, je größer die Erwartungen, desto tiefer die Enttäuschungen.

In unserer Familie gibt es aus diesem Grund keinen Muttertag. Man mag dazu stehen, wie man will, aber meine Kinder haben sich dafür entschieden, ihrer Mutter nicht an besonders dafür ausgewählten Tagen mit Blumen oder Pralinen zu danken, sondern wenn sie meinen, dass es dran sei.

Ich finde, es ist ein realistischeres Mutterbild, in dem eine Mutter als eigenständige Person auch ihren eigenen Wünschen und Bedürfnissen nachgehen darf. So kann eine Mutter zum ausgeglichenen, fröhlichen Mittel- und Ruhepol der Familie werden. Sie braucht nicht die abgehetzte, von tausend Aufgaben und Erwartungen überforderte Sklavin ihrer Kinder zu sein.

Die Aufgaben einer Mutter, das Ernähren, Beschützen und Fördern zu eigenständigem Leben, sind nicht leicht. Es sind auch keine Fähigkeiten, die mit dem Augenblick der Geburt eines Kindes bei der Mutter automatisch da sind. Zwar gibt es ergreifende Berichte von Frauen, die beim ersten Blick auf ihr neugeborenes Baby von einer heißen Welle der Liebe erfasst wurden, sogar wenn sie vorher ihr Kind nicht gewollt oder es abgelehnt haben. Diese Liebe ist jedoch so etwas wie ein geschenkter Scheck, der im Leben eingelöst werden muss. Sie ist wie ein Startkapital für das kommende gemeinsame Leben. „Die kreatürliche Liebe zwischen Müttern und Kindern ist ein Stückchen Paradies, das Gott uns gelassen hat, als er uns aus dem Paradies vertrieb“, sagte einmal eine alte, weise Mutter.

Es ist ein realistischeres Mutterbild, in dem eine Mutter als eigenständige Person auch ihren eigenen Wünschen und Bedürfnissen nachgehen darf.

Aber diese Liebe ist kein Besitz; sie wird erlebt und immer wieder neu erworben. Sie ist nichts Statisches, sondern ein fortwährender Prozess, der durch viele Lebensphasen führt.

Dieser Prozess kostet Kraft und Einsatz, und diese Kraft wird nur zum Teil von dem Startkapital Liebe gespeist, das eine Mutter bekommt. Besonders in schwierigen Phasen und Schwächezeiten ist es nicht selbstverständlich, mit vollem Einsatz Mutter zu sein. Da kann es schon vorkommen, dass sich der anfänglich riesengroß erscheinende Liebesvorrat verbraucht, wenn er nicht Nachschub bekommt.

Ich kenne keine bessere Kraftquelle als den Glauben an Gott und das Vertrauen in die Wirksamkeit des Gebets. So kann ich Gott um immer wieder neuen Mut und neue Kraft in den Herausforderungen des Alltags bitten, wenn die Müdigkeit kommt und mir die Puste ausgeht. Bei ihm, dem Gott mit der unerschöpflichen, überfließenden, vollkommenen Liebe, kann ich neue Liebe auftanken.

Die Quelle der mütterlichen Liebe muss immer wieder von der Liebe Gottes gespeist werden, damit sie frisch und rein bleibt und nicht durch Versagen, Schwäche, Enttäuschung, Unvermögen, Selbstsucht und anderes Fehlverhalten trüb und abgestanden wird und durch die überhebliche Meinung, Liebe selbst machen zu können.

5. Mutter werden oder nicht?

Während zahlreiche Frauen ungewollt kinderlos bleiben und alles daransetzen, damit ihr Kinderwunsch doch noch in Erfüllung geht, kann man andererseits auch eine entgegengesetzte Entwicklung beobachten.

Unter dem Titel „Milde Form des Irreseins" (nach einem Zitat von Axel Hacke) veröffentlichte der Spiegel vor Jahren einen Artikel zum Thema. Ob nun Kinder ein Störfall der Liebe sind oder dem Leben erst Sinn geben, wurde dort und wird immer noch heftig diskutiert.

Seit in den sechziger Jahren Kinderlosigkeit als höchste Stufe der Befreiung propagiert wurde, getreu dem Slogan der Schriftstellerin und Feministin Simone de Beauvoir: „Mutterschaft ist eine böse Falle", ist der Kinderwunsch in die Diskussion geraten. Die einst natürlichste Sache der Welt lässt sich immer schwerer mit den Anforderungen der modernen Konsumgesellschaft vereinbaren.

Die Zahlen in den Statistiken sprechen eine deutliche Sprache. Von 1950 bis 1992 sank die Zahl der Geburten von 1,1 Millionen auf 800.000. Die durchschnittliche Kinderzahl pro Paar in Deutschland beträgt etwa 1,3 mit fallender Tendenz. Viele Menschen, besonders Frauen, geraten zunehmend in eine Zwickmühle: einerseits symbolisiert ein Kind die totale emotionale Befriedigung, andererseits stört es den eigenen Lebensplan ganz gewaltig. Diese Zwiespältigkeit kommt auch in einer Studie des

Deutschen Jugendinstituts in München zum Ausdruck. Dort erklärten 70 Prozent der jungen Paare, Beruf und Wohlstand seien zwar wichtig, aber Sinn, Glück und Erfüllung im Leben brächten nur eigene Kinder. Nur 11 Prozent der befragten Frauen und 20 Prozent der Männer wollten definitiv kein Kind.

Der Konflikt, den der Kinderwunsch für die Eltern darstellt, entspringt dem heute weit verbreiteten Anspruch, sich selbst zu verwirklichen, mobil und unabhängig zu sein. Auch die Verstädterung der westlichen Industrieländer, verbunden mit dem weitgehenden Verschwinden der Großfamilie, ist ausgesprochen kinderfeindlich. Durch die Berufstätigkeit beider Eltern und das Leben in der Kleinfamilie entstehen Verhältnisse für die Betreuung und Erziehung der Kinder, die zu schier unüberwindlichen Schwierigkeiten führen. So kann eine junge Frau selbstbewusst und überzeugt sagen, dass sie die „hausgemachte Opfernummer" als Mutter nicht mitmachen will.

Allerdings wird der bewusste Verzicht auf Kinder oft teuer bezahlt. „Viele von uns leben im Wohlstand, haben aber dabei ein Gefühl der Flachheit und Leere", beschreibt ein junger Mann die Situation.

Wo das eigene Lebensprogramm hohl und brüchig scheint, wächst die Sehnsucht nach Kindern. Die unkündbare Beziehung zum Kind verleiht der eigenen Existenz Tiefgang in einer schnelllebigen, sich auch in ihren menschlichen Beziehungen pausenlos verändernden Welt und stellt dadurch ein spezielles Glück dar, das mit nichts anderem zu vergleichen ist. Einem Menschen Geschichte geben, prägend sein, Vertrauen schaffen, das ist nicht nur eine große Verantwortung, sondern auch eine wunderbare Erfahrung.

So liegen alle Gründe, die dafür sprechen, Kinder zu haben, auf emotionaler und ideeller Ebene. Ob sie deshalb aber unvernünftig sind, ist doch sehr fraglich.

Für mich als Christin gilt Gottes Auftrag, in Verantwortung für das Leben Kinder zur Welt zu bringen, und Gottes Versprechen, dass er sich selbst um sie kümmern wird, so lange die Erde steht.

In diesem Glauben verwurzelt bin ich trotz aller gegenteiligen Argumente gern Mutter.

Phasen im Leben einer Mutter

An Mütter werden verschiedene Anforderungen gestellt, je nachdem, in welcher Lebensphase sie sich befinden. So sind die Aufgaben einer Mutter von kleinen Kindern natürlich andere als die Herausforderungen, die in späteren Jahren kommen.

Im Folgenden sollen einige besondere Schwerpunkte gezeigt werden, die die verschiedenen Phasen im Leben einer Mutter – insbesondere einer Mutter von Töchtern – prägen.

1. Mutter von kleinen Kindern: Bestätigung und Überforderung

„Als wir geheiratet haben, habe ich meinen Wohnort verlassen, meinen Arbeitsplatz gewechselt und bin mit meinem Mann zusammen in eine neue Wohnung gezogen. Das alles war eine große Umstellung für mich. Aber gemessen an der totalen Lebensveränderung durch die Geburt unseres ersten Kindes war das noch gar nichts. Diese neue Situation krempelte mein Leben völlig um. Nun waren nicht nur die äußeren Lebensumstände anders, sondern es war ein neuer Mensch da, den es vorher nicht gegeben hatte. Auch die neun Monate der Schwangerschaft haben nicht ausgereicht, mich auf diese neue Situation einzustellen. Ich dachte, ich hätte mich auf das Leben als Mutter gut vorbereitet. Schließlich hatte ich es ja auch so gerne gewollt und mich riesig auf das

Kind und das Muttersein gefreut. Und nun schwanken meine Gefühle hin und her zwischen dem, mich überfordert und bestätigt zu fühlen."

So beschreibt eine Mutter ihre ersten Erfahrungen mit dem Muttersein. Blass sieht sie aus und übernächtigt, verunsichert und etwas ängstlich. Aber ich sehe auch ein verstecktes Strahlen in ihren Augen, in dem sich ein tiefes Glück ausdrückt.

Bestätigung und Überforderung – das scheint sich im ersten Moment zu widersprechen. Es sind doch zwei ganz unterschiedliche Erfahrungen. Und doch sind es Erfahrungen, die das Leben einer Mutter ganz besonders treffend beschreiben.

Schon in der Schwangerschaft beginnt dieses Hin und Her der Emotionen. Einerseits die Freude und andererseits die Angst vor der Geburt und dem Unbekannten, das nun unweigerlich kommen wird.

In unserer Zeit sind die meisten Kinder, die geboren werden, geplante und erwünschte Kinder. Die Fälle, wo Kinder gänzlich abgelehnt oder eine Schwangerschaft als Katastrophe erlebt wird, sind ein gesondertes Thema, das hier nicht behandelt werden soll.

Erfüllung einer unbestimmten Sehnsucht

Die gewollten Kinder werden mit großer Freude erwartet. Neun Monate hat eine Frau Zeit, sich auf ihre neue Rolle einzustellen und vorzubereiten. Sie tut das in den meisten Fällen auch mit viel Elan und den besten Vorsätzen.

Ausschlaggebend dafür, wie sie sich auf die Geburt einstellt – ob es mehr angstvoll oder eher gelassen ist –, sind oft die Erzählungen der eigenen Mutter. Wenn die eigene Mutter ihre Erlebnisse als dramatisches, schmerzhaftes, schreckliches Geschehen beschreibt, wird die Tochter, besonders wenn sie die Geschichten oft gehört hat, sich ihre entsprechenden Vorstellungen machen, als Bild von einer Geburt „speichern" und es wieder vor Augen haben, wenn es dann so weit ist.

Ausschlaggebend dafür, wie eine Frau sich auf die Geburt einstellt, sind oft die Erzählungen der eigenen Mutter.

Wesentlich hilfreicher ist es für eine Tochter, wenn ihre Mutter den Vorgang der Geburt nicht unnötig dramatisiert, sondern als ein natürliches Geschehen beschreibt, wobei die Betonung auf dem Ziel und Ergebnis, nämlich dem neugeborenen Baby liegt.

Gerade an dieser Stelle, sozusagen dem Start ins Muttersein, hat eine Mutter für ihre Tochter eine ganz besondere Verantwortung. Hier kann schlimmstenfalls alles von Anfang an auf ein falsches, negatives Gleis geraten. Auf der anderen Seite kann eine Frau das beste, glaubwürdigste und überzeugendste Beispiel für positives Muttersein werden. Nie kommen sich Mutter und Tochter so nahe wie in dieser Zeit, wo die Tochter die Kinderrolle verlässt und selbst zur Mutter wird.

Erfüllung durch Kindersegen, das ist eine uralte Lebenserfahrung, die erst in der neueren Zeit häufiger in Frage gestellt wird. Aber auch heute beschreiben viele Frauen das Erlebnis der Geburt, den Beginn des Mutterseins als eine Erfahrung, bei der sie ganz zu sich selbst, zu ihrer eigenen Bestimmung finden. „Es war wie ein Stückchen Himmel, als ich meine Tochter nach einer anstrengenden Geburt zum ersten Mal im Arm hielt", beschrieb eine Mutter diesen Moment. Eine andere sagte: „Ich fühlte mich in dem Augenblick, als wäre ich bei mir selbst, meinem tiefsten Ich, angekommen."

Das ist Bestätigung. Etwas in einer Frau kommt zur Ruhe, kommt bei einem Ziel an. Es ist wohl das, was ich oben eine schöpfungsgemäße Bestimmung der Frau genannt habe.

Damit an dieser Stelle keine Missverständnisse aufkommen, möchte ich ausdrücklich betonen, dass ich durch diese Ausführungen das Muttersein nicht in Konkurrenz zum Frausein stellen möchte. Selbstverständlich gibt es vollkommenes, erfülltes Frausein auch ohne Kinder. Es handelt sich um verschiedene Qualitäten, die nicht gegeneinander ausgespielt werden dürfen.

Dieses positive Gefühl des Zur-Ruhe-Kommens, die Erfüllung einer unbestimmten und unbewussten Sehnsucht ist aber oft überlagert von der Unruhe und Sorge bei der neuen Aufgabe. So manche Mutter fühlt sich überfordert, die Verantwortung für das hilflose kleine Wesen zu übernehmen. In ihrer neuen Rolle ist sie unsicher und ängstlich.

Andauernde Erschöpfung

Als unsere gerade vier Wochen alte Tochter ununterbrochen zwei Stunden schrie, rief ich voller Angst bei unserem Kinderarzt an. Der Arzt, ein weiser, älterer Herr, kam nach einer Stunde und sagte: „Das Kind ist kerngesund. Ich bin wegen der Mutter hier. Sie ist ja krank vor Angst."

Es ist kein Wunder, wenn eine Mutter am Ende eines stressigen Tages mit Babygeschrei und ständiger Alarmbereitschaft erschöpft in den Seilen hängt und nur noch denkt: „Ich schaffe es nicht. Es geht über meine Kräfte, ich bin total überfordert." Da bringt es nur vorübergehende Erleichterung, wenn die liebe Kleine ruhig und sanft schläft, weil die Mutter ja aus Erfahrung weiß, dass auch die Nacht nur stundenweise Ruhe bringt. Erschöpfung durch Übermüdung ist kein seltenes Phänomen bei Müttern.

Doch dann sind da wieder die unbeschreiblichen Augenblicke des Glücks. Das vertrauensvolle kleine Wesen, das Lächeln, die tapsigen Bewegungen, die ersten Worte und ersten Schritte.

Rein biologisch löst dieses so genannte Kindchen-Schema in jedem Menschen und besonders in den Frauen automatisch Glücks- und Beschützergefühle aus. Und vor allem ein dankbares Staunen über das Wunder des kleinen Wesens.

Was für eine Bestätigung des Lebens! Ein Geschenk, das gleichzeitig Gabe und Aufgabe ist. Eine Gabe, die Freude und Glück bedeutet, eine Aufgabe, die Verantwortung und Einsatz fordert.

Wenn Kinder bewusst als Gabe Gottes (Psalm 127,3) und Gott als der eigentliche Schöpfer und Vater aller Menschen gesehen werden, dann bedeutet dies, dass er letztlich auch die Verantwortung für jedes Kind übernimmt. Er hat es den Eltern als Geschenk auf Zeit anvertraut und will ihnen auch helfen, damit das Kind zu einem selbständigen Menschen heranwächst.

„Dieses Kind hast du mir geschenkt, Gott. Nun sorg du bitte auch für es und zeig mir, was ich jetzt tun soll", betete eine Mutter erschöpft und überfordert von dem täglichen Stress.

Dieses Bewusstsein und dieser Glaube sind für Mütter in überfordernden Situationen eine große Hilfe. Auch aus eigener Erfahrung weiß ich, dass Gott nicht nur die Quelle für immer neue Liebe ist, sondern auch immer neue Kraft für die körperlichen und seelischen Anforderungen schenkt, die der Alltag mit kleinen Kindern an Mütter stellt.

Prägungen und frühe Rollen

Bisher haben wir verschiedene Aspekte des Mutterseins allgemein betrachtet, ohne einen Unterschied zwischen Müttern von Söhnen und Töchtern zu machen. Im Folgenden will ich auf diese geschlechtsspezifischen Unterschiede eingehen und mich dabei im Wesentlichen auf die besondere Konstellation in der Beziehung zwischen Müttern und Töchtern beschränken.

Ob eine Frau sich eher einen Sohn oder eine Tochter wünscht, hängt von vielen Faktoren ab. In früheren Zeiten spielte dabei vor allem der Fortbestand der Familie eine Rolle. Der Sohn galt als der Stammhalter, der den Namen und die Geschichte der Familie weiterführte. Auch unter wirtschaftlichen Aspekten war ein Sohn als Verdiener und Ernährer einer Familie besonders wichtig und deshalb besonders erwünscht. Für viele Frauen war es überhaupt die wichtigste Aufgabe, einen Sohn zu gebären. Erst durch die Geburt eines männlichen Erben meinte die Frau, ihre Existenzberechtigung zu erlangen. Heute ist dieses Denken zumindest in unserem westlichen Kulturkreis glücklicherweise weitgehend überholt.

„Egal, ob Mädchen oder Junge, Hauptsache gesund!“, hört man heute oft von werdenden Eltern.

Der Wunsch nach Sohn oder Tochter hat heute andere Gründe. So scheint er stark davon abhängig, wie sehr bei einer Frau das Bewusstsein von sich selbst als Frau ausgeprägt ist und welche Beziehung sie zu ihrer eigenen Mutter hat.

Ob eine Tochter bei der Geburt willkommen ist oder nicht, hängt zum guten Teil von den Erwartungen der Mutter ab, die wiederum von der Umwelt beeinflusst sind, in der sie lebt. Die Mutter hat bestimmte Vorstellungen davon, wie sie sich ihre Tochter wünscht. Sie erwartet, vielleicht unbewusst, schon bestimmte Verhaltensweisen. Diese Vorstellungen können für die künftige Beziehung zur Tochter von großer Bedeutung sein und schon ganz früh die Basis für ein gutes, einvernehmliches Verhältnis bilden. Andererseits kann hier auch schon der Keim für eine gespannte, problematische Beziehung liegen.

Manche Frauen fürchten sich davor, Töchter zur Welt zu bringen, weil ihre eigenen Erfahrungen als Frau negativ waren. Auf der anderen Seite können auch gerade solche Frauen sich eine Tochter wünschen, in dem bewussten oder unbewussten Wunsch, in der Tochter das Leben zu verwirklichen, das ihnen selbst – aus welchen Gründen auch immer – nicht möglich war.

Es sind unbewusste Wunschbilder, die häufig das Leben von Müttern und Töchtern bestimmen, eine individuelle Entwicklung erschweren und zu vielen Problemen führen.

Beide Einstellungen bergen die große Gefahr, dass die Mutter sich zu sehr mit ihrer Tochter identifiziert. Sie lebt so intensiv durch sie, dass sie die Tochter von Anfang an mit einer unerträglichen Bürde von Erwartungen belastet.

Es sind diese unbewussten Wunschbilder, die häufig das Leben von Müttern und Töchtern bestimmen, eine individuelle Entwicklung erschweren und zu vielen Problemen führen.

Nach der Erfahrung vieler Mütter, die inzwischen auch wissenschaftlich erwiesen sind, sind männliche Babys unruhiger, schreien häufiger, schlafen schlechter und fühlen sich häufiger unwohl. Das liegt daran, dass sie reizbarer und weniger gut koordiniert sind als weibliche Babys. Als Folge dieses Verhaltens werden sie öfter hochgenommen und herumgetragen, lassen sich aber viel schwerer beruhigen. Weibliche Babys hingegen reagieren erwiesenermaßen empfindlicher auf Geräusche. Das hat zur Folge, dass sie auf beruhigende Zusprache, sanfte Stimmen und Töne gut reagieren, was wiederum dazu führt, dass mit kleinen Mädchen mehr gesprochen wird als mit kleinen Jungen.

Insgesamt könnte man sagen, dass Mädchen von klein auf zwar nicht unbedingt quantitativ mehr körperliche Zuwendung erhalten als männliche Kleinkinder, dass sie auf mütterlichen Zuspruch aber zugänglicher und erfolgreicher reagieren. So ist es nicht verwunderlich, dass eine engere Beziehung zwischen Müttern und Töchtern zustande kommen kann.

Welches Bild von der Rolle eines kleinen Mädchens eine Mutter in ihrem Kopf und Herzen hat, kann man oft ganz deutlich an der Kleidung ablesen. Es ist zwar nur ein äußerliches Merkmal, kann aber vermutlich für das gesamte weitere Leben von großer Bedeutung sein.

Die Zeiten mit den rosa und hellblauen Häkeljäckchen, an denen schon von weitem das Geschlecht eines Babys abzulesen war, scheinen ja endgültig vorbei zu sein. Aber das besondere Herausputzen der lieben Kleinen durch mehr oder weniger praktische, in jedem Fall aber schöne und teure Kleidung ist nach wie vor ein Thema für Mütter. Nicht erst heute ist die Babykleidung ein lohnender Wirtschaftszweig. Ich erinnere mich an ein Rüschen besetztes

Kinderkleidchen, das meine Mutter in der Nachkriegszeit mühsam aus ihrer eigenen alten Seidenbluse genäht hatte, um mich besonders hübsch zu machen. Und die geerbten Kleidungsstücke der älteren Kusine fanden nur dann Verwendung, wenn es wirklich nicht anders ging.

In vielen Fällen suchen Mütter für ihre Töchter Kleidung aus, die nicht nur gesund und praktisch sein soll, sondern auch die Weiblichkeit des Mädchens unterstreicht. So tragen sie nicht unwesentlich dazu bei, der Tochter ihren Platz in der Welt der Erwachsenen zuzuweisen. Begeisterte Kommentare wie: „Oh, wie süß!“, „Nein, ist das aber ein niedliches Mädchen!“, „Einfach reizend, die Kleine!“, bleiben bei Mutter und Tochter nicht ohne Wirkung. Wenn das Mädchen dazu noch die entsprechenden Schrittchen macht – und sie hat schnell heraus, was gut ankommt –, dann ist das Bild von dem Prinzesschen perfekt.

Ich habe eine erwachsene Frau von Mitte dreißig vor Augen, die immer noch versucht, ihre Prinzessinnen-Rolle zu spielen. Wenn sie einen Raum betritt, in dem schon mehrere Menschen sind, versucht sie sofort durch irgendein auffälliges Verhalten alle Blicke auf sich zu ziehen. „Wie kindisch!“, raunte jemand, als sie wieder einmal mit tänzelnden Schrittchen und affektiertem Lachen auftauchte. „Sie hat wohl noch nicht gemerkt, dass sie inzwischen erwachsen ist und sich so nur lächerlich macht.“

Natürlich stimmt dieses kindliche Verhalten schon längst nicht mehr mit der Realität ihres Lebens überein, aber sie kann das Verhaltensmuster, das ihr als Kind so viel Bewunderung einbrachte, einfach nicht ablegen, und ist in Wirklichkeit todunglücklich darüber.

Es gibt auch Mütter, die, gerade weil sie die Festlegung auf die weibliche Rolle vermeiden wollen, ihre kleinen

Töchter bewusst burschikos und jungenhaft kleiden. Da sind dann praktische Latzhosen die wichtigsten Kleidungsstücke.

Ob damit unter Umständen eine Rollenzuweisung für das spätere Leben festgelegt ist, wage ich nicht zu sagen. Es wäre eine besondere Untersuchung wert, ob es Zusammenhänge zwischen Kleidungsgewohnheiten in frühester Kindheit und der Mode der Teenager gibt. Ich jedenfalls staune immer wieder, wenn ich höre, dass ein Mädchen von fünfzehn Jahren noch nie einen Rock oder ein Kleid getragen hat.

Wie weit sich eine Mutter für ihr kleines Mädchen auf die Betonung des Äußeren durch entsprechende Kleidung einlässt, ist von großer Wichtigkeit für das weitere Leben. Wie viel Bedeutung das heranwachsende Kind selbst später seiner äußeren Erscheinung zumisst und welche Rolle es in der Welt der Erwachsenen einnimmt, hängt unter anderem mit diesen frühen Prägungen zusammen.

Ob Jungen mit Autos und Mädchen mit Puppen spielen sollen und welche Auswirkungen das auf ihr späteres männliches bzw. weibliches Rollenverhalten hat, wird ebenfalls immer wieder heftig diskutiert, kommt aber zu den entgegengesetztesten Ergebnissen. Ich jedenfalls konnte unserem Sohn beim besten Willen keine Puppe zum Spielen „andrehen", obwohl ich es sehr ernsthaft und, wie ich glaube, überzeugend versucht habe.

Klar ist, dass Mütter, je mehr sie selbst ihre Rolle als Frau und Mutter akzeptieren und in ihr glücklich sind, desto deutlicher diese Rolle auch auf ihre Töchter zu übertragen versuchen. Wenn sie selbst jedoch das Frau- und Muttersein als etwas Einengendes, Negatives erleben, was ihnen viele Möglichkeiten des autonomen Lebens versagt, werden sie alles daran setzen, ihren Töchtern diese ungeliebte Rolle zu ersparen und ihnen zu größerer Autonomie zu verhelfen.

2. Mutter von heranwachsenden Töchtern: Loslassen

„Samstagabends, wenn ich ins Bett gehe, dann geht meine Tochter erst los. Vorher gab es schon die ewigen Diskussionen über die Zeit, wann sie nach Hause kommen muss. Offenbar dürfen alle gleichaltrigen Freundinnen viel länger wegbleiben als sie. Sie ist die Einzige, die immer schon so früh nach Hause muss. Richtig peinlich, solche altmodischen Eltern. Und auf meinen immer wiederkehrenden Einwand, dass ich es gar nicht verstehe, warum sie erst so spät aufbricht, meint sie nur kurz: ‚Das verstehst du nicht, Mama, das ist heute eben so. Wenn ich früher komme, dann ist noch keiner da, dann ist noch nichts los.' Auch die Auseinandersetzung über die Kleidung, die sie trägt und die so gar nicht nach meinem Geschmack ist, haben wir schon hinter uns. Nun macht sie sich also auf den Weg, toll herausgeputzt nach ihrem Stil, den sie natürlich wieder durchgesetzt hat. Wohin sie geht und mit wem sie sich trifft, das teilt sie uns noch widerwillig mit, aber dann ist sie auch schon verschwunden. Und ich bleibe zurück mit meinen Ängsten und schlimmsten Befürchtungen. Ich lege mich ins Bett und schlafe auch erst mal ein. Unruhig allerdings und nicht tief und fest.

Plötzlich schrecke ich hoch. Ein Blick auf den Wecker zeigt: Drei Uhr. Ist Franziska immer noch nicht da? Ich bin augenblicklich hellwach und springe aus dem Bett, um in ihrem Zimmer nachzusehen, ob sie vielleicht unbemerkt nach Hause gekommen ist. Aber nein, ihr Bett ist noch unberührt. Mit klopfendem Herzen schleiche ich mich zurück in mein Bett. Nun folgt eine schreckliche Stunde mit den wildesten und unterschiedlichsten Emotionen. Es fängt an mit dem Ärger. Warum kann sie sich nicht an unsere Abmachungen halten? Ein Uhr, das ist doch wirklich spät genug für ein siebzehnjähriges Mädchen. Morgen kann sie was erleben! Ich bin so richtig wütend. Aber das dauert erfahrungsgemäß nicht allzu lange. Dann mischt sich in den Ärger die Sorge. Ob wohl etwas passiert ist? Eigentlich kann man sich doch auf sie verlassen. Wo mag sie wohl sein, und mit wem ist sie zusammen? Vielleicht ist mit dem Fahrrad etwas nicht in Ordnung, eine Panne oder gestohlen. Ich komme inzwischen auf die verrücktesten Ideen. Und steigere mich langsam in eine richtige Panik. Jetzt denke ich nicht mehr, es könnte etwas passiert sein, sondern ich bin sicher, dass etwas passiert ist, und horche schon mit einem Ohr, ob das Telefon klingelt. Ich würde mich nicht wundern, wenn die Polizei oder ein Krankenhaus sich meldet. Meine Gefühle geraten völlig außer Kontrolle. Es hält mich auch nicht mehr im Bett, sondern ich wandere unruhig zwischen Schlafzimmer und Haustür über den Flur. Immer angespannt lauschend, ob ich nicht die Tür vom Fahrradschuppen höre oder Schritte vor der Haustür. Endlich – es kommt mir wie eine Ewigkeit vor – höre ich Geräusche, ich reiße die Haustür auf, sehe sie kommen und bin nur noch erleichtert. Gott sei Dank! Sie ist wohlbehalten zurück. Für Franziska biete ich wohl einen eher lustigen Anblick, wie ich da so stehe im Nachthemd und mit wirrem Haar. Sie meint jedenfalls nur belustigt: ‚Ach du liebe Zeit, Mama, was machst du denn hier? Ist das nicht ein bisschen spät für dich?‘ Und damit verschwindet sie in ihrem Zimmer. Ich schleiche mich kleinlaut zurück ins Bett. Einschlafen kann ich nicht sofort, dafür bin ich noch zu aufgewühlt, und die Gedanken kreisen in meinem Kopf. Nach der anfänglichen Erleichterung stellt sich auch bald wieder die berechtigte Wut ein. Na warte, morgen ist auch noch ein Tag, meine liebe Tochter! Und dann schlafe ich schließlich wieder ein für den kurzen Rest der Nacht."

So weit der Bericht einer Mutter von einer heranwachsenden Tochter. Wie ich aus vielen Gesprächen weiß, spielen sich solche und ähnliche Szenen allwöchentlich in unzähligen Familien ab, vornehmlich an Wochenenden, aber auch sonst. „Kleine Kinder – kleine Sorgen, große Kinder – große Sorgen", klagt eine betroffene Mutter, und dabei ist es noch nicht einmal klar, ob dies die wirklich großen Sorgen sind.

Für viele Mütter ist die Zeit mit den kleinen Töchtern zwar auch durch Anstrengung und Stress bestimmt, aber gemessen an den Herausforderungen durch heranwachsende Töchter sind die Aufgaben der Kleinkinderzeit noch recht leicht zu erfüllen.

Das Stichwort, das die Zeit der Mütter mit Töchtern im Teenageralter besonders gut trifft, heißt: loslassen. Und dabei meint loslassen nicht einen kurzen Vorgang in einem Augenblick, sondern einen Prozess, der schon im Kleinkindalter angefangen hat, in dieser Phase aber zum Abschluss kommt.

Eigentlich ist es das Wichtigste, was eine Mutter leisten kann, und gleichzeitig auch das Schwerste, was von ihr gefordert wird: Ihr Kind loszulassen, damit es allein und selbständig leben kann. So wie das Krabbelkind das Gehen lernt, indem es zunächst an der Hand geführt wird, um dann loszulassen und eigene Schritte zu tun, so muss das heranwachsende Kind auch die Möglichkeit haben, selbständig zu entscheiden und zu handeln. Natürlich nicht plötzlich von einem Tag auf den anderen, sondern nach einer langen Zeit des Übens und Lernens.

Das Wichtigste, was eine Mutter leisten kann, und gleichzeitig auch das Schwerste: Ihr Kind loszulassen, damit es allein und selbständig leben kann.

Dieser Vorgang beginnt schon mit dem Tag der Geburt und zieht sich schrittweise durch die ganze Kleinkinderzeit, bis er bei den heranwachsenden Töchtern zum Abschluss kommt. Es ist schwierig, eine genaue Altersangabe zu machen, da dies individuell verschieden ist, aber bis zum Eintritt ins Erwachsenenalter mit achtzehn Jahren sollte der Vorgang des Loslassens abgeschlossen sein.

Diese wichtige Aufgabe geschieht in drei Bereichen:

- Loslassen des Wunschbildes.
- Loslassen der Kontrolle.
- Loslassen der Sorgen.

Das Wunschbild

Wohl jede Mutter kennt die rosarote Brille, durch die sie die Tochter betrachtet. Diese Brille färbt das Kind so ein, wie sie es gerne sehen möchte. Sie macht es schön und intelligent, lieb und allseits beliebt, folgsam und freundlich, begabt mit vielen Gaben. Das Wunschbild, das Mütter sich von ihren Töchtern machen, kann gar nicht schön genug gemalt werden. Gespeist wird es von den Erlebnissen und Wünschen aus der eigenen Biografie der Mutter. Alles, was die Mutter in ihrem eigenen Leben erreicht hat und als gut empfindet, wird in dieses Bild gepackt. Außerdem fließt vieles ein, was die Mutter sich selbst gewünscht hat, aus verschiedenen Gründen aber im eigenen Leben nicht verwirklichen konnte. Wie bei einem zweiten Versuch besteht ja nun vielleicht die Chance, das zu verwirklichen, was ihr selbst versagt geblieben ist.

Auch sollen möglichst alle Dinge vermieden werden, die sie im eigenen Leben als negativ erlebt hat. Oft bekämpft eine Mutter die Punkte im Wesen der Tochter am meisten, die sie an sich selber schon nicht leiden konnte oder als leidvoll erfahren hat. Nun soll es im Leben der Tochter auf jeden Fall ganz anders werden.

Egal, ob in der Wiederholung oder in der Abgrenzung – das Leben der Mutter spielt die wichtigste Rolle in dem Bild, das die Mutter sich von der Tochter macht.

So wird dieses Bild aus den unterschiedlichsten Einzelteilen zusammengesetzt. Ob es auch wirklich der Realität der ganz individuellen Persönlichkeit der Tochter entspricht, ist eine andere Frage. Und das ist die eigentliche Aufgabe der Mutter: Das Bild, das sie im Kopf hat, zu erkennen und sich zu fragen, ob es eigentlich mit der Wirklichkeit der Tochter übereinstimmt.

Dabei ist es am wichtigsten, dieses eigene Bild erst einmal ganz aufzugeben. Natürlich ist das nicht einfach. Und meistens handelt es sich ja auch gar nicht um eine willentlich geplante gedankliche Konstruktion, sondern es ist unbewusst aus den Erlebnissen und Erfahrungen des eigenen Lebens entstanden.

Da hilft es, sich einmal bewusst Rechenschaft über die Hintergründe und Motive zu geben, die eine Mutter dazu bewegen, das Bild der Tochter so zu malen, wie sie es tut.

Könnte es nicht sein, dass eine Tochter gar nicht so musikalisch ist wie ihre Mutter, oder wie die Mutter selbst es gern gewesen wäre? Und doch wird die Tochter seit

Jahren zum Klavierunterricht gezwungen, obwohl sie ihn hasst und es auch nicht zu entsprechenden Erfolgen bringt. Dafür ist das Mädchen vielleicht besonders sportlich, hat aber gar keine Zeit, diesem Interesse nachzugehen, weil das nicht ins Bild der Mutter passt, die für sie andere Tätigkeiten ausgewählt hat.

Als Lehrerin sehe ich immer wieder, wie so etwas geschieht. Natürlich kann ich gut verstehen, wenn Mütter für ihre Töchter eine gute Schulausbildung wollen. Das ist heute ein wesentlicher Punkt in der Erziehung und die Voraussetzung für ein eigenständiges Leben im Beruf. Anders als in früheren Zeiten, wo das Ziel einer Frau die Eheschließung war und deshalb die Schul- und Berufsausbildung für ein Mädchen nicht so wichtig genommen wurde, ist heute glücklicherweise in der Ausbildung von Jungen und Mädchen kein Unterschied mehr. Selbstverständlich steht Mädchen eine gute Ausbildung zu, und sie bringen es auch zu mindestens ebenso guten Leistungen und Erfolgen wie Jungen.

Trotzdem gilt auch an dieser Stelle die Grundregel, ein Kind nach seinen persönlichen Begabungen richtig einzuschätzen und entsprechend zu fördern. Leider erlebt man es oft, dass Kinder – Mädchen wie Jungen – vom Ehrgeiz der Eltern, in besonderer Weise der Mütter, total überfordert werden. Vielleicht liegt es daran, dass die Mutter mit schlechten Startbedingungen durch mangelnde Schulausbildung zu kämpfen hatte. Da ist es verständlich, wenn sie ihre Tochter von Anfang an besser ausrüsten will. Trotzdem muss die Anforderung der persönlichen Begabung entsprechen. Wie oft erlebe ich, dass Kinder mutlos und freudlos verkümmern oder total aufbegehren und ausflippen, weil sie dem ehrgeizigen Anspruch der Mütter nicht entsprechen können. Gute Erziehung fördert und lenkt die wesensmäßig angelegte Persönlichkeit eines Kindes; sie versucht nicht, aus einem Kind herauszupressen, was es nicht geben kann.

Auf die Spitze getrieben wird der Ehrgeiz der Mütter, wenn sie zu Managerinnen ihrer Töchter werden und sie zu Spitzenleistungen im Sport oder Showbusiness antreiben. Da kann man dann stolze Mütter sehen, wie sie ihre heranwachsenden Töchter zu ihrem ersten Fernsehauftritt begleiten.

Gute Erziehung fördert und lenkt die wesensmäßig angelegte Persönlichkeit eines Kindes; sie versucht nicht, aus einem Kind herauszupressen, was es nicht geben kann.

Wenn eine Mutter sich ehrlich um die Förderung der Fähigkeiten ihrer Tochter bemüht, wird es ihr nicht so schwer fallen, die selbst gemachten Wünsche und Vorstellungen aufzugeben. Sie wird nämlich ihre Tochter als eigenständigen Menschen mit vielen Gaben und Interessen entdecken. Außerdem wird sie zusehen können, wie erfolgreich die Tochter sich entwickelt, wenn sie die Dinge tun darf, die sie kann, und sich nicht mit den Vorstellungen der Mutter herumplagen muss, die gar nicht ihrem Wesen und ihrer Begabung entsprechen.

Die Kontrolle

Das Loslassen der Kontrolle hängt eng mit dem Aufgeben des eigenen Wunschbildes zusammen. Natürlich ist es für eine Mutter keine leichte Aufgabe und mit vielen Ängsten verbunden, wenn die Tochter sich aus ihrem direkten Aufsichts- und Einflussbereich entfernt. Es ist beruhigend, eine Tochter im eigenen überschaubaren

Lebensbereich unter Kontrolle zu haben. Da sieht die Mutter, was passiert, sie weiß immer, wo sich das Kind aufhält und mit wem es zusammen ist. Sie könnte zur Not eingreifen und in schwierigen Situationen zu Hilfe kommen.

Doch diese ständige Präsenz und Aufsicht, die beim Kleinkind noch gut und unverzichtbar ist, soll mit fortschreitendem Alter immer mehr abnehmen. Sie ist schließlich nicht mehr nötig und wird statt zur Hilfe zur schrecklichen Fessel.

Folgendes Beispiel macht deutlich, wie wichtig das Aufgeben der Kontrolle ist. Ein siebzehnjähriges Mädchen aus gutem Hause genoss viele Freiheiten in ihrer Erziehung. Sie durfte manches, was ihre Altersgenossinnen nicht durften. Wann sie nachts nach Hause kommen musste, war sehr großzügig bemessen. Aber die ganze liberale Haltung der Eltern hatte einen schwer wiegenden Haken. Immer, wenn sie von zu Hause weg war, besonders bei Feten oder ähnlichen Unternehmungen, musste sie sich per Handy jede Stunde einmal kurz zu Hause melden. Eine einfache Meldung wie: „Hallo, mir geht's gut", reichte aus, um die Mutter zu beruhigen. Zum Gespött der Freunde und Freundinnen hielt besagtes Mädchen sich jahrelang strikt an die Abmachung.

Aber das ist noch nicht das Ende der Geschichte. Nach dem Abitur verließ die Tochter ihr Elternhaus, um in einer weit entfernten Stadt zu studieren. Es überrascht wohl kaum, dass sie sich im ersten Jahr in der Ferne nicht einmal zu Hause meldete, nicht zu Weihnachten und nicht zum Geburtstag der Mutter, weder per Telefon noch per Brief.

Ein krasses Beispiel und wohl ziemlich einmalig, aber hier wird besonders deutlich, wie wichtig es ist, die Kontrolle über eine Tochter nicht auf die Spitze zu treiben.

Kontrolle ist ein Zeichen für Misstrauen, und das ist für jede Beziehung schädlich. Stattdessen sollte ein gutes Vertrauensverhältnis aufgebaut werden, das der Tochter Freiräume zur Bewährung lässt und die Grundlage für ein gutes Miteinander ist.

Die Sorgen

Der dritte Bereich, in dem das Loslassen wichtig ist, ist für Mütter ganz besonders schwer. Es ist ganz natürlich, dass Mütter mitleiden, wenn die Tochter etwas Schlimmes erlebt. Krankheit, Misserfolge in Schule oder Beruf, Probleme bei schwierigen Lebensentscheidungen oder was immer es sein mag, lässt die Mutter nicht unbeteiligt. „Du siehst aber schlecht aus", sagt eine Frau zu ihrer Freundin, „bist du krank?" „Nein", antwortet diese, „nicht ich, aber meiner Tochter geht es nicht gut. Ich mache mir solche Sorgen um sie." Oder: „Ich habe keine Zeit, zur Geburtstagsfeier zu kommen, wir machen nämlich Examen!", sagt eine Mutter und meint das Examen ihrer Tochter, das sie gedanklich so mit Beschlag belegt, dass sie für nichts anderes mehr Zeit hat.

Auch Liebeskummer und Eheprobleme der Töchter erleben viele Mütter, als ginge es um das eigene Leben. „Michael hat nach zwei Jahren Freundschaft Schluss gemacht", sagt ein Mädchen ganz unglücklich und fügt hinzu: „Das Schlimmste ist, ich weiß noch gar nicht, wie ich es Mama beibringen soll."

Vielen Müttern gelingt es nicht, die nötige Distanz zwischen sich und dem Leben der Tochter zu halten. Sie identifizieren sich förmlich mit der Tochter und erleben ihre Sorgen und Nöte, als wären es die eigenen.

Und dabei wäre es doch gerade in solchen notvollen und problematischen Situationen besonders wichtig, der Tochter aus angemessener Distanz zu helfen. Erlebtes Unglück wird nur noch schlimmer, wenn die Mutter es durch eigenes Wehklagen verstärkt, statt in Ruhe und mit Abstand nach Lösungsmöglichkeiten zu suchen. Ich kenne so manche Tochter, die jahrelang Schwierigkeiten in der Ehe oder mit den eigenen Kindern vor ihrer Mutter verheimlicht, weil sie weiß, dass die Mutter ihr an dieser Stelle keine Hilfe, sondern eine zusätzliche Last wäre.

Da stimmt dann etwas in der Beziehung nicht, wo doch geteiltes Leid halbes Leid sein sollte.

An dieser Stelle müssen Mütter ganz bewusst lernen, Abstand zu gewinnen, auch wenn es ihnen noch so schwer fällt, weil sie meinen, je enger sie mit der Tochter verbunden sind, umso besser könnten sie sie verstehen. Das ist ein Missverständnis, das immer wieder gerade in der Beziehung zwischen Müttern und Töchtern vorkommt. Zu große Nähe schärft nicht den Blick füreinander, sondern vernebelt ihn.

Aus eigener Erfahrung weiß ich, dass es ein anstrengender, langer Lernprozess ist, diese Distanz bewusst herbeizuführen. Der erste Schritt auf diesem Weg ist es, die Notwendigkeit überhaupt erst einmal zu erkennen und dann auch zu bejahen. Erst wenn das wirklich klar ist, kann die Mutter anfangen zu üben.

Wenn sie dann erlebt, wie die Tochter Schwierigkeiten selber meistern kann, auch ohne Mutters Hilfe, ist die größte Strecke auf dem Weg des Loslassens geschafft.

Natürlich ist dies ein Prozess, der nicht auf Anhieb gelingt. Da gibt es viele Rückschritte und Fehlversuche und so manche Enttäuschung. Gerade noch wurde die Mutter rund um die Uhr gebraucht, sie war die wichtigste

Bezugsperson für das kleine Mädchen. Und nun soll sie das alles hinter sich lassen und Abstand einüben! Das kostet schon viel Einsicht und auch Mut. Denn hinter dem Festhalten steckt ja die Angst des Verlierens. Auf einer Karte las ich den Satz: „Die Menschen sind wie ein Bumerang: Du musst sie im richtigen Moment loslassen, damit sie zu dir zurückkommen."

Die Menschen sind wie ein Bumerang: Du musst sie im richtigen Moment loslassen, damit sie zu dir zurückkommen.

Das ist wohl wahr, enthält aber auch immer ein Risiko. Und dieses Risiko fürchten so manche Mütter. Deshalb halten sie fest, statt loszulassen. Im Ende aber verlieren sie damit, statt zu gewinnen.

Denn wenn es in dieser Phase des Mutterseins nicht gelingt, die Tochter ihren eigenen Weg gehen zu lassen, wird es später immer schwieriger, wenn nicht gar unmöglich. Um die eigene Persönlichkeit entwickeln zu können, braucht die Tochter einen Freiraum, in dem sie sich entfalten kann. Wenn ihr dieser Freiraum nicht gewährt wird, wenn ihre Mutter klammert und nicht loslässt, so ist das schädlich für die Entwicklung der Tochter und auch für die Beziehung zur Mutter. Und so erreicht eine Mutter genau das Gegenteil von dem, was sie will.

Ganz besonders schwierig ist der Prozess des Loslassens, wenn die Tochter ein Einzelkind und die Mutter allein stehend ist, weil sie entweder verwitwet, geschieden oder aus anderen Gründen allein erziehend ist. Dann ist die Tochter oft die einzige Bezugsperson. Sie muss die Rolle des fehlenden Partners mit übernehmen und wird als Gesprächspartnerin in allen Lebensfragen und Entscheidungen von der Mutter gebraucht. Dies ist eine Rolle, die ein Kind eigentlich nicht ausfüllen kann. Viele Töchter sind überfordert, wenn sie diesem Anspruch gerecht werden sollen. In einem Alter, wenn sie selbst noch Entscheidungshilfen brauchen und langsam lernen, Verantwortung zu übernehmen, fällt ihnen viel zu früh eine Aufgabe zu, die ihnen noch zu schwer ist. Ich kenne ein Mädchen, das durch die Partnerprobleme ihrer geschiedenen Mutter so belastet ist, dass es für seine eigene Entwicklung und eigene Freundschaften gar keine Kraft und Zeit hat. Die Tochter hat ständig das Gefühl, sich zuerst um die Schwierigkeiten ihrer Mutter kümmern zu müssen. Das Loslassen durch die Mutter klappt überhaupt nicht.

Dasselbe kann übrigens auch passieren, wenn die Mutter in einer unglücklichen Ehe lebt. Unter Umständen ist die Mutter dort so gut wie allein stehend. Auch wenn der Vater aus beruflichen Gründen viel auswärts oder sehr eingespannt ist, wenn er suchtkrank oder aus anderen Gründen nicht belastbar ist, muss die Mutter oft notgedrungen die familiären Belange allein in die Hand nehmen und meistern. Und da liegt es nahe, eine heranwachsende Tochter, die schon vernünftig genug ist, um Dinge zu beurteilen, ins Gespräch und in die Verantwortung zu ziehen.

So wunderbar es ist, wenn Mutter und Tochter eine vertraute Beziehung zueinander haben, so schlimm ist es andererseits, wenn diese Vertrautheit zu einer Komplizenschaft gegen den Vater wird. Leider kommt es immer wieder vor, dass Mütter ihre heranwachsenden Töchter mit den Dingen belasten, die eigentlich mit dem Mann besprochen werden müssten. Da werden heimlich Pläne geschmiedet, Dinge erlaubt oder Entscheidungen getroffen, von denen der Vater nichts wissen darf. So macht die Mutter die Tochter zu ihrer heimlichen Vertrauten. Und die Tochter wird entweder hin und her gerissen zwischen der Liebe zu ihrem Vater und ihrer Mutter, oder sie wird bald lernen, diese Situation für sich auszunutzen.

Es ist nichts dagegen einzuwenden, wenn Mütter und Töchter eine besonders enge und vertraute Beziehung zueinander haben, besonders wenn sie sich wesensmäßig sehr ähnlich sind. Gemeinsame Unternehmungen, zu denen der Vater keine Lust und auch keinen Zugang hat, sind ganz normal und oft eine besondere Freude für Mutter und Tochter. Shopping in der Stadt, zusammen ins Kino gehen, Feste planen und vieles mehr ist für Frauen unter sich meistens viel schöner. Aber es ist nicht gut, wenn dadurch Fronten in der Familie entstehen.

Die Vater-Tochter-Beziehung ist ein Extrathema, das an dieser Stelle nur nebenbei angesprochen wird. Aber es ist klar: Je gesunder und harmonischer die Ehe der Eltern ist, desto besser kann sich auch die Beziehung der Mutter zu ihrer Tochter entwickeln. Und wenn die Beziehung zum Mann stark und fest ist, dann ist es für eine Mutter viel leichter, ihre Tochter loszulassen.

Weil dieser Punkt des Loslassens von so zentraler Wichtigkeit in der Beziehung zwischen Müttern und Töchtern ist, möchte ich dazu noch eine Geschichte erzählen.

Da sind zwei Frauen. Die eine ist die Frau des Gouverneurs, die andere eine einfache Magd. Durch Kriegswirren und widrige Umstände geschieht es, dass sie beide behaupten, ein Kind sei ihr eigenes. Sie können sich nicht einigen, wer das Kind haben soll. So kommt die Sache vor einen Richter. Auch der Richter hat keine Klarheit darüber, wer die wirkliche Mutter ist. Aber er hat eine Idee. Er will eine Probe machen. Mit einem Stück Kreide wird ein Kreis auf den Boden des Gerichtssaals gezogen. Dann wird das Kind in den Kreis gestellt. Beide Frauen stehen außerhalb des

Kreises und fassen das Kind jeweils bei einer Hand. Nun wird die richtige Mutter ja die Kraft haben, ihr Kind aus dem Kreis zu ziehen. Auf den Befehl des Richters: „Zieht!", zieht die Gouverneursfrau das Kind mit einem Ruck zu sich heraus aus dem Kreis. Die Magd hat es vor lauter Schreck einfach losgelassen und steht entgeistert da. „Da sieht man, wie stark Blutsbande sind!", sagt der Anwalt der Gouverneursfrau zufrieden.

Doch der Richter ist noch nicht überzeugt von dem Ausgang der Probe und will sie zum Unmut der Zuschauer noch einmal durchführen. Wieder stellen sich die Frauen auf, greifen das Kind bei der Hand, und der Richter gibt den Befehl: „Zieht!" Mit einem Schrei lässt die Magd das Kind los: „Soll ich's zerreißen? Ich kann's nicht." „Damit hat das hohe Gericht festgestellt, wer die wahre Mutter ist", sagt der Richter. Er wendet sich zu der Magd und sagt: „Nimm dein Kind und geh."

Bertolt Brecht hat diese Geschichte in seinem Schauspiel „Der kaukasische Kreidekreis" beschrieben. Er hat die Begebenheit nicht selbst erfunden, sondern aus der Bibel aufgenommen und etwas abgewandelt. Dort wird sie in 1. Könige 3 als das „weise Urteil Salomos" erzählt.

Mit diesem sehr eindrücklichen Beispiel sagt die Bibel ganz unmissverständlich, was das wichtigste Kennzeichen der echten und guten Mutter ist: loslassen.

Und noch etwas ist wichtig, damit das Loslassen nicht wie ein Fallenlassen ist. Wenn Mütter ihre Töchter wirklich von Herzen loslassen, geht das nur im Vertrauen auf Gott. Es ist kein Loslassen im freien Fall, ohne Netz und doppelten Boden. Es geschieht im Vertrauen auf alles, was die Tochter vorher schon gelernt und was die Mutter ihr vorgelebt hat – und vor allen Dingen im Vertrauen auf Gott, der sich um die Tochter auch dann kümmert, wenn die Mutter dazu schon längst nicht mehr in der Lage ist. Das ist etwas, was eine Mutter nie aufgeben muss: das Gebet für ihre Tochter. Es ist nicht nur entlastend für die Mutter, sondern entscheidend wichtig für das Leben der Tochter. Es ist das Wichtigste, was eine Mutter für ihre Tochter tun kann, egal, wie groß der Abstand zwischen ihr und der Tochter ist.

3. Mutter von erwachsenen Töchtern: Abstand halten

„Kind, wie oft muss ich dir das noch sagen, dass du dir nicht so viel Mühe machen musst, wenn ich zu Besuch komme!“ So kommentiert eine Mutter den schön gedeckten Kaffeetisch am Sonntagnachmittag. Aus der Sicht mancher Mütter werden Töchter scheinbar nie erwachsen, sondern bleiben ihr Leben lang Kinder. Es stimmt ja auch, dass der Altersunterschied bleibt und der Erfahrungsvorsprung sich nicht leugnen lässt.

Trotzdem ist es eine Tatsache, dass die Tochter als selbständiger Mensch erwachsen wird und ein eigenständiges Leben führen kann und soll. Wenn in der Phase des Heranwachsens das Loslassen gut geklappt hat, dann dürfte es im Miteinander von erwachsener Tochter und ihrer Mutter eigentlich keine Schwierigkeiten geben. Trotzdem zeigt die Erfahrung, dass gerade hier viele Probleme auftauchen, wenn nämlich die Lebensbereiche von Mutter und Tochter nicht deutlich genug voneinander getrennt sind und beide nicht genug Eigenständigkeit leben.

Abstand halten heißt denn auch das Stichwort, das ich über diese Lebensphase stellen möchte. Und dieser Abstand ist nicht nur äußerlich, sondern vor allem innerlich gemeint. Es ist gut und erleichtert die Aufgabe, wenn auch ein räumlicher Abstand da ist. Wenn Mutter und Tochter nicht in derselben Wohnung oder im selben Ort leben, so ist schon durch den räumlichen Abstand eine ständige Vermischung der Lebensbereiche nicht möglich. Trotzdem kann eine Mutter, die jeden Tag anruft oder den täglichen Anruf erwartet, selbst wenn sie hunderte von Kilometern entfernt lebt, genauso präsent sein wie eine Mutter, die nebenan wohnt. Der räumliche Abstand allein macht es noch nicht.

Und dabei ist Abstand halten wirklich das Wichtigste, was Mütter von erwachsenen Töchtern beherzigen sollten, um Konflikte zu vermeiden. Das bezieht sich auf allein stehende Töchter ebenso wie auf verheiratete und solche, die selbst schon Mütter sind. In einer Umfrage gaben 38 Prozent der jungen Frauen auf die Frage, was sie an ihrer Mutter am meisten nervt, an, es sei die Einmischung in die persönlichen Angelegenheiten. 37 Prozent meinten, sie erlebten zu viel Fürsorge, 31 Prozent nannten Bevormundung als negativste Eigenschaft ihrer Mütter.

Daraus wird deutlich, dass Töchter sich häufig mehr Abstand wünschen, als Mütter zu halten bereit sind. Und darum ist es dies, was Mütter am dringendsten akzeptieren und lernen müssen.

„Ich besuche meine Tochter und ihre Familie nur, wenn ich eingeladen werde“, erzählte eine Mutter ihrer Freundin. Und beglückt fügte sie hinzu: „Und dann erlebe ich es jedes Mal, dass sie alle, meine Tochter, die Enkelkinder und auch mein Schwiegersohn, mich nach vierzehn Tagen bitten und bedrängen, doch noch ein bisschen zu bleiben, auch wenn ich schon längst wieder nach Hause fahren möchte.“ „Da hast du aber wirklich Glück“, antwortete die Freundin. „Ich bin ja häufig bei meiner Tochter, aber sie fragt schon gleich am ersten Tag, wann ich denn wieder wegfahre.“

„Es hat mich wahnsinnig genervt, dass meine Mutter immer unangemeldet mit Taschen voller Lebensmittel, selbst gemachter Marmelade und Kuchen, wie nur sie ihn backen kann, ankam. Meist konnte ich die Sachen gerade gar nicht gebrauchen. Es gab dann einmal einen heftigen Streit. Danach war meine Mutter beleidigt und brachte gar nichts mehr mit. Es hat mich zwar etwas Überwindung gekostet, aber eines Tages habe ich sie gebeten, für ein bevorstehendes Fest ihre tollen Kuchen zu backen. Seitdem haben wir eine unausgesprochene Vereinbarung: Sie kocht und backt, wenn ich sie frage und darum bitte. Damit ist uns beiden geholfen." So beschreibt eine andere Frau ihre Erfahrung.

Die vielen ungefragten Hilfsangebote führen meistens nicht zu dem Erfolg, den Mütter sich davon versprechen. Töchter wollen die Eigenständigkeit, die sie sich oft sehr mühsam erkämpft haben, nicht gefährden. Sie wollen beweisen, dass sie auch allein zurechtkommen. Darum reagieren sie an dieser Stelle oft besonders empfindlich. Außerdem ist die Motivation für die Hilfeleistung der Mutter nicht immer ganz so selbstlos, wie es auf den ersten Blick aussieht. Oft genug steckt hinter den fürsorglichen Angeboten der unausgesprochene Anspruch auf Gegenleistung. Da wird für den mitgebrachten Kuchen nicht nur Dankbarkeit und Lob erwartet, sondern es liegt der Wunsch darin, am Leben der Tochter teilnehmen zu dürfen.

Und durch diesen Wunsch ist der Abstand gefährdet, der für beide wichtig ist, die Tochter und die Mutter.

Leicht stehen Mütter in der Gefahr, ihr eigenes Leben mit dem der Tochter gleichzusetzen. Ganz besonders ist das der Fall, wenn sie allein stehend, verwitwet oder geschieden sind. Wenn ich bei einer mir bekannten Frau anrufe und nach ihrem Wohlergehen frage, fängt sie gleich an, ausführlich von der Familie ihrer Tochter zu berichten. Auf meinen Einwand, ich hätte doch nach *ihrem* Leben gefragt, meint sie ganz verständnislos: „Ja, das ist doch mein Leben."

Es gibt aber auch den gegenteiligen Fall. Den beklagen allerdings nur 3 Prozent der Frauen aus der schon erwähnten Umfrage: zu wenig Fürsorge durch die Mutter.

„Meine Mutter ist dauernd unterwegs. Ich habe fast das Gefühl, als wäre ich ihr zu Hause ein Klotz am Bein gewesen. Denn genau zu dem Zeitpunkt, als ich auszog, legte sie so richtig los. Sie engagiert sich in allen möglichen Vereinen. Und wenn sie damit nicht genug beschäftigt ist, geht sie auf Reisen. Mindestens fünfmal im Jahr. Das kenne ich von früher nicht, und es wundert mich, obwohl ich es ihr natürlich gönne. Aber für mich und meine Familie bleibt nur noch Zeit für eine Stippvisite zwischen zwei anderen Terminen."

Dies ist wohl das andere Extrem zu der überfürsorglichen Mutter und sehr viel seltener anzutreffen. Wie meistens ist auch hier ein gesundes Mittelmaß am besten.

Es ist auf jeden Fall gut, wenn eine Mutter, die sich bewusst um das Loslassen der Tochter bemüht hat, dann auch in der Lebensphase ohne Kinder ein eigenes, ausgefülltes, sinnvolles Leben hat. Sie hat nun Zeit für Dinge, die sie in der aktiven Zeit als Mutter nicht tun konnte. Sie darf ohne Stress und Gewissensbisse ihren Interessen, ihrem Beruf, ihren Hobbys nachgehen. Das wird erleichtert, wenn sie damit nicht erst anfängt, wenn die Tochter das Haus verlässt, sondern wenn die Mutter schon vorher in der Phase des Loslassens schrittweise die frei werdende Zeit für sich genutzt hat.

So kann sie den Abstand zur Tochter als Wohltat und

nicht als Verlust und Schmerz empfinden. Sorgen wegen Diskonächten oder vor Prüfungen, Streitereien um alltäglichen Kleinkram bleiben ihr erspart. „Ich bin ganz froh, dass ich nicht mehr alles weiß, was meine Tochter macht. So brauche ich mich auch nicht mehr unnötig oft aufzuregen", sagte eine Mutter, als ihre Tochter zum Studium in eine andere Stadt zog. „Die wirklich wichtigen Dinge erfahre ich noch, aber das reicht mir dann auch."

Beide, Mutter und Tochter, machen auf diese Weise ihre eigenen Erfahrungen in einem selbständigen Leben. Und es ist wunderbar, wenn sie gleichberechtigt im Austausch das miteinander teilen, was sie wollen.

Ich erinnere mich noch sehr gut daran, wie schön ich es fand, als ich bewusst zum ersten Mal einen Rat von meiner Tochter bekam, den sie mir aus ihrer eigenen Berufserfahrung geben konnte. Und umgekehrt bin ich dankbar, wenn meine Tochter mich um Rat fragt oder um Hilfe bittet. Ich will nicht ungefragt und besserwisserisch Ratschläge erteilen. Und ich habe auch nicht immer Zeit zur Hilfe oder eine gute Antwort, aber ich tue, was ich kann. Mehr, denke ich, ist auch nicht verlangt.

Im Folgenden sollen einige Grundprobleme in der Beziehung zwischen Müttern und ihren erwachsenen Töchtern angesprochen werden. Es sind Konstellationen, die nach meiner Beobachtung häufig vorkommen und oft zu Schwierigkeiten in der Beziehung führen.

Die kontrollierende Mutter

„Wenn meine Mutter zu Besuch kommt, dann überprüft sie erst mal genau meinen Haushalt. Bei ihr zu Hause ist immer alles toll aufgeräumt. Sie ist überhaupt total gut organisiert und hat immer alles voll im Griff. Bei mir geht es eher etwas chaotisch zu, und ich gebe zu, dass nicht alles so ist, wie es sein könnte. Auf jeden Fall aber ist es nicht so, wie meine Mutter es gerne haben möchte. Und sie scheut sich nicht, den Küchenschrank aufzumachen und in die Schubladen zu gucken. Am liebsten fängt sie dann auch gleich mit Aufräumen an. Mich nervt das ziemlich, und ich kann mich deshalb über ihre Besuche auch gar nicht mehr freuen. Richtig schlimm aber finde ich, dass sie mich nach allem, was ich mache, ausfragt und zu meinen Erzählungen immer ihre Kommentare gibt. Sie will auch alles ganz genau wissen und merkt sofort, wenn ich etwas nicht ausführlich erzählen will. Dann bohrt sie so lange, bis ich es ihr doch sage. Ich kann einfach nichts vor ihr geheim halten. Ich habe das Gefühl, sie sucht immerzu nach Fehlern, die ich vielleicht mache. Und dann korrigiert sie wie eine Lehrerin, die alles besser weiß. Als ich ihr das einmal sagte, war sie ganz erschrocken und meinte, dass sie mich doch nur vor Fehlern bewahren wolle, und wenn sie es nicht täte, dann täte es jemand anderes, und der würde es vielleicht nicht so gut mit mir meinen wie sie. Ich glaube ja, dass sie es gut mit mir meint, aber diese ständige Kontrolle geht mir echt auf die Nerven, und ich befürchte, dass wir darüber noch einmal einen richtigen Krach kriegen.“

Wenn ein Mensch für alles Regeln hat und genau weiß, was richtig und falsch ist, so ist es für ihn selbstverständlich, dass er das Einhalten der Regeln auch kontrollieren muss. Wahrscheinlich hat er im Geheimen Angst, er könnte sonst die Kontrolle über sein Leben verlieren. Vielleicht hat er schon die Erfahrung gemacht, dass alles, was er nicht persönlich überwacht, nicht so klappt, wie er es gerne möchte. Es kann sein, dass er selbst von Eltern oder

Lehrern nach strengen Regeln erzogen wurde. Und er kann sich deshalb ein Leben ohne Regeln gar nicht vorstellen.

Es ist schwer, einen solchen Menschen davon zu überzeugen, dass manche Dinge sich auch ohne Regeln und Verhaltensvorschriften ordnen lassen.

Die konkurrierende Mutter

Vor einiger Zeit war in einer Zeitschriftenanzeige für eine Hautcreme wieder einmal ein Foto zu bewundern. Es zeigte eine Mutter und ihre Tochter. Und darunter stand: „Wer ist hier wer?“ Und tatsächlich, Mutter und Tochter sahen sich nicht nur ähnlich, sie waren auch beide frisch und jung und hätten tatsächlich gleichaltrig sein können.

Ich weiß nicht, ob ich über so ein Foto lachen oder weinen soll. Je nachdem, ob ich mich als Mutter oder Tochter fühle. Für die eine ist es ein Kompliment, für die andere eher nicht. Egal, die Werbung zielt ja wohl auf die Mutter, die die Creme kaufen soll, und sie schneidet bei dem Vergleich unbestritten gut ab.

Die Mutter als Konkurrenz zur Tochter. Diese Variante ist wohl erst in neuerer Zeit häufiger, weil in Mode und Aussehen Jugend Trumpf ist. Mütter versuchen, sich so jugendlich wie möglich zu kleiden und zu geben. Kleidung ist oft beliebig auswechselbar, und eine Mutter ist stolz, wenn ihr die Sachen der Tochter noch passen und sie sich etwas ausleihen kann.

Hinter dieser Haltung steckt eine Frau, die sehr viel Wert auf ihre äußere Erscheinung legt. Für sie hat das Jungsein einen ganz hohen Stellenwert. Sie bewundert sich selbst und möchte auch von anderen bewundert werden.

Selbst ein Kind kann für eine Mutter dieses Typs eine Art „Vorzeigeobjekt" sein, das sie durch eigene Leistung hervorgebracht hat und das ihren Wert als Frau bestätigt. Schlimm wird es, wenn die Mutter zu einer echten Bedrohung für die Tochter wird, indem sie sich ungeniert in die Gesellschaft der jungen Leute mischt, der Freundinnen und Freunde vor allem. Das findet die Tochter in den meisten Fällen nicht nur peinlich, sondern es kann zu einem echten Konkurrenzkampf führen. „Schrecklich!", stöhnte eine Tochter über ihre Mutter. „Sie trägt viel zu kurze Röcke und schminkt sich zu stark – das hat sie doch gar nicht nötig."

Ja, das hat sie wirklich nicht nötig, aber es ist schwer, sie davon zu überzeugen.

Die renommierende Mutter

Kaum betritt Martina die Kantine, da blicken die Kolleginnen, die dort gerade Kaffee trinken, auch schon schnell aus dem Fenster oder unterhalten sich auffallend interessiert mit ihrer Nachbarin. Es ist klar – sie wollen kundtun, dass es sich nicht lohnt, sich an ihren Tisch zu setzen. Martina steuert diesmal zielbewusst auf mich zu, und ich weiß: Nun gibt es kein Entkommen mehr. Die nächste halbe Stunde gehört Sabrina. Sabrina ist Martinas Tochter, und obwohl ich sie nicht persönlich kenne, weiß nicht nur ich, sondern die ganze Belegschaft alles über sie. Über ihre Erfolge, versteht sich.

Ohne Einleitung und erst recht, ohne gefragt zu sein, fängt Martina auch schon an zu erzählen. Nach einem Redeschwall von einer Viertelstunde bin ich wieder auf dem neuesten Stand über Sabrinas Dienstreise nach

Fernost, über ihre Gehaltserhöhung, über ihre makellose Erscheinung und den Preis ihres neuen Kostüms.

Ehrlich gesagt, ich bin beeindruckt. Allerdings weniger von Sabrinas Erfolgen als davon, wie viel Lobenswertes sich in einer Zeit von fünfzehn Minuten erzählen lässt. Das allein ist schon eine richtige Leistung. Mit glänzenden Augen, voller Stolz und ungebremst erzählt Martina von ihrer wunderbaren Tochter. Und wenn ich nicht meinen Kaffee ausgetrunken und mich höflich verabschiedet hätte, so hätte ich sicherlich noch viel mehr erfahren. So verlasse ich unter den bedauernden Blicken und wissendem Grinsen meiner Kolleginnen schnell die Kantine.

Den Typ der renommierenden Mutter kann man oft antreffen. Sie wollen mit den Erfolgen der Tochter die Außenwelt beeindrucken und machen sich im Ende doch nur lächerlich und unglaubwürdig. Es ist peinlich für die Zuhörer, und mit Sicherheit würde die Tochter selbst es am peinlichsten von allen finden, wenn sie denn Zeuge einer solchen Vorführung wäre. Doch das bleibt ihr zum Glück erspart; nur ganz „hart gesottene“ Mütter fangen selbst in Gegenwart der Tochter an zu prahlen, dass sich die Balken biegen. „Mama, bitte hör auf, du machst dich und mich unmöglich“, zischte einmal eine Tochter ihrer Mutter wütend zu und verließ den Schauplatz.

Es ist wunderbar, wenn eine Mutter eine erfolgreiche Tochter hat. Wer wünschte sich das nicht selbst, und wer hätte etwas dagegen? Nur, statt sich über die Erfolge zu freuen sie wie die eigenen anzupreisen, das kommt nicht gut an. Manchen Töchtern gelingt es, diese „Muttersünde“ mit Humor zu nehmen. Nach dem Motto: „Ach, Mama übertreibt gerne.“ Das ist wohl noch die beste Lösung, wenn man die Mutter nicht dazu bringen kann, auf die Bremse zu treten und die Erfolge der Tochter nur dann zu erzählen, wenn sie aus ehrlichem Interesse danach gefragt wird.

Die besitzergreifende Mutter

„Wir waren immer ein Herz und eine Seele, doch jetzt, wo ich einen festen Freund habe, ist auf einmal alles anders. Andrea ist wie ausgewechselt", erzählt Katrin von ihrer Mutter, die sie seit Kindertagen bei ihrem Vornamen nennt. „Dabei habe ich sie doch immer als meine beste Freundin und Vertraute angesehen. Ich habe ihr alles erzählt und alles mit ihr geteilt. Wir haben fast immer dieselbe Meinung und denselben Geschmack, und es ist einfach toll, wenn wir zusammen einkaufen gehen. Besonders gut haben wir uns auch in unserem letzten Urlaub verstanden und richtig viel gemeinsam unternommen. Nie gab es Stress, weil eine von uns was anderes wollte. Wir haben alles zusammen gemacht. Doch nun habe ich vor einigen Monaten Lars kennen gelernt, und jetzt ist sie auf einmal ganz komisch geworden. Ich bin sehr unglücklich darüber und habe mir sogar schon überlegt, ob ich nicht Schluss machen sollte mit ihm. Schließlich kenne ich ihn erst kurze Zeit, aber Andrea kenne ich schon mein Leben lang und weiß, was für eine zuverlässige Freundin ich in ihr habe. Ich möchte sie auf keinen Fall verlieren."

Die Mutter als beste Freundin – das scheint auf den ersten Blick eine tolle Sache zu sein. Viele Mädchen wünschen sich das, und auch Katrin wurde immer von ihren Freundinnen um ihre freundschaftliche Beziehung zu ihrer Mutter beneidet, die für alles, was junge Leute betraf, uneingeschränkt Verständnis hatte.

In den siebziger und achtziger Jahren gab es eine Zeit, in der dieses Mutterbild besonders beliebt war. Mütter lehnten ganz bewusst ihre Rolle mit dem entsprechenden Autoritätsanspruch und Erfahrungsvorsprung ab. Sie ließen sich gern beim Vornamen nennen, um diese Einstellung auch äußerlich auszudrücken. Bis heute kann man dieses Mutterbild antreffen. Es beschreibt ein Verhältnis von Gleich zu Gleich, ohne Rücksicht auf Alter und Verantwortung.

Im Fall von Andrea und Katrin ist klar, dass ein Freund die harmonische Zweisamkeit stört. Der Machtbereich der Mutter gerät in Gefahr, deshalb ist es aus ihrer Sicht nur verständlich, dass sie „komisch" reagiert.

Katrin jedenfalls wäre sehr zu wünschen, eine Freundin zu verlieren und dafür eine Mutter zu gewinnen.

Die überbehütende Mutter

„Bitte, ruf an und sag Bescheid, wenn du zu Hause angekommen bist, ich mache mir sonst solche Sorgen", sagt eine Mutter, als sich die Tochter ins Auto setzt. Und sie kommt erst zur Ruhe, als der Anruf nach Stunden bestätigt, dass auch diesmal bei der weiten Fahrt auf der Autobahn alles gut gegangen ist. Bis dahin hat sie wartend neben dem Telefon gesessen und sich in Gedanken die schrecklichsten Szenen ausgemalt.

Der Typ der ewig besorgten Mutter ist weit verbreitet. Schon bei ihrer kleinen Tochter stand sie immer bereit mit Schal und warmer Mütze, in der ständigen Sorge, das Kind könnte sich vielleicht erkälten. Sie sieht an allen Ecken Gefahren lauern und möchte das zarte Kind am liebsten in Watte packen, damit ihm nichts passiert. Es gibt so viel

Böses in der Welt, da muss man immer vorsichtig sein. Deshalb werden alle Situationen vorher sorgfältig geprüft, ob sie auch nicht zu gefährlich sind. So nimmt die besorgte Mutter nicht nur die Pläne und Unternehmungen, sondern auch die Menschen, mit denen es die Tochter zu tun hat, misstrauisch unter die Lupe. Es könnte doch sein, dass der Einfluss, den Freunde und Freundinnen haben, schädlich für die Tochter ist. Vielleicht wird sie ausgenutzt, hintergangen oder übervorteilt.

Natürlich ist Vorsicht an vielen Stellen geboten, und ich kann gut verstehen, dass eine Mutter sich Sorgen macht, wenn die Tochter wochenlang mit Interrail unterwegs ist und sich nicht meldet. Ich will auch keineswegs der Gedankenlosigkeit das Wort reden. Aber das Loslassen bezieht sich auch besonders auf diesen Punkt.

Unbekümmertes Vertrauen ist ein Fremdwort für überbehütende Mütter, die eine von Grund auf negative Sicht der Welt und der Menschen haben. Wahrscheinlich stecken viele eigene schlechte Erfahrungen hinter dieser Haltung. Und nun versucht die Mutter, für die Tochter eine Bastion gegen den Rest der Welt zu bauen. Dass so eine Treibhaus-Atmosphäre entsteht, die die Tochter gegen alle Einflüsse der Außenwelt abschirmt, merkt sie vor lauter Besorgtheit gar nicht, oder sie nimmt es bewusst in Kauf.

Für die Tochter besteht so die Gefahr, dass sie entweder ebenso ängstlich wie die Mutter wird oder vielleicht in einer aufbegehrenden Gegenreaktion allzu waghalsig ist.

Die anklagende Mutter

Von allen bisher aufgezeigten Problemfällen ist dies wohl bei weitem der schwierigste Fall: die anklagende Mutter.

Typisch sind Sätze wie: „Ich bin so einsam. Keiner kümmert sich um mich. Mich braucht keiner mehr. Ich habe mich aufgeopfert für die Familie."

Diese Mutter sieht sich als Opfer. Sie hat sich tatsächlich oder wenigstens in ihrer Erinnerung immer für die Familie eingesetzt. Sie hat für ein gemütliches Zuhause und den reibungslosen Ablauf aller Dinge gesorgt. Dafür hat sie alle ihre Energie eingesetzt. Für eigene Interessen blieb dann keine Zeit mehr. So geht es vielen Müttern über eine lange Strecke ihres Lebens, und daraus muss nicht unbedingt eine Anklage werden. Schlimm ist es dann, wenn die Mutter diese ganze Zeit des Mutterseins nur widerwillig ihre Rolle wahrgenommen hat. Das führt dann leicht zum Gedanken des Sich-Opferns und wird zur Klage und Anklage.

Wo eine Anklage ist, ist auch immer eine Schuld, jedenfalls in den Augen des Klägers. Und dies ist es, was diesen Typ der Mutter so schwierig macht, die unausgesprochene, manchmal auch ausgesprochene Schuldzuweisung. „Wenn du nicht gewesen wärst, hätte ich aus meinem Leben etwas anderes machen können." Töchter sind an dieser Stelle ganz besonders sensibel. Sie hören diesen Vorwurf, auch wenn er nie direkt ausgesprochen wird. Und sie bekommen ein schlechtes Gewissen, obwohl sie gar nichts für die Situation und die Gefühle der Mutter können. „Ich kann nichts mehr so richtig genießen, was ich selber unternehme. Ständig habe ich meine Mutter vor Augen, wie sie allein in ihrer Wohnung sitzt und doch nur darauf wartet, dass ich mich um sie kümmere. Dabei tue ich das schon, so gut und oft ich kann", sagt eine Tochter.

„Weißt du noch, wie schön es war, als wir früher gemeinsam als Familie in Urlaub gefahren sind?", fragt eine Mutter. In dem Ton, mit dem sie es äußert, hört die Tochter den Vorwurf: „Warum nehmt ihr mich nicht mit?"

Eine Tochter muss trotz aller Schuldgefühle das schlechte Gewissen ablegen und den Mut zu einem selbständigen Leben haben.

Wenn eine Tochter dann nicht sofort mit einer Einladung reagiert, fühlt sie sich ziemlich sicher als eine schlechte Tochter.

Besonders schwierig ist die Situation, wenn alle Probleme, die das Leben der Mutter schwer gemacht haben, Eheschwierigkeiten, finanzielle Nöte, berufliche Sorgen zu einem großen negativen Lebensresümee zusammengefasst werden. Wenn sich die Tochter für diesen ganzen Berg verantwortlich und schuldig fühlt, dann ist es eine unerträgliche Last für sie, denn sie kann beim besten Willen nicht die „Wunden" der Mutter heilen.

Das Problem sitzt viel zu tief und fällt auch gar nicht in den Verantwortungsbereich der Tochter. Sie muss trotz aller Schuldgefühle das schlechte Gewissen ablegen und den Mut zu einem selbständigen Leben haben, auch auf die Gefahr hin, als schlechte Tochter zu gelten.

4. Die hilfsbedürftige, alte Mutter: Macht und Ohnmacht

Die letzte Phase im Leben einer Mutter ist oft besonders schwer und leidvoll. Sie ist gekennzeichnet durch schwindende Kräfte, Krankheit und den schrittweisen Verlust der Selbständigkeit. Die Mutter ist auf Hilfe angewiesen. Oft ist es wie eine Rückkehr zur totalen

Abhängigkeit, wie sie für das Kleinkindalter typisch ist. Besonders Mütter, die ein Leben lang aktiv und voller Tatendrang waren, empfinden das Alt- und Schwachwerden als sehr problematisch. „Letztes Jahr habe ich noch gedacht, wenn erst der Sommer kommt, dann wird es mir wieder besser gehen“, sagte eine alte Frau, „aber nun weiß ich: Es wird nicht mehr bergauf gehen, sondern ich muss mich darauf einstellen, dass es schrittweise immer weniger wird.“ Diese Einsicht ist nicht leicht, und noch schwerer ist es, aus dieser Einsicht entsprechende konkrete Schritte zu tun. Und so klammern sich viele Mütter mit dem letzten Rest von Kraft, der ihnen geblieben ist, an den Erhalt der Eigenständigkeit, ohnmächtig in der eigenen Hilflosigkeit.

Die Selbständigkeit erhalten

Die meisten Mütter in diesem Alter, die ich kenne, wollen unbedingt so lange selbständig bleiben, wie es irgend möglich ist. So habe ich zum Beispiel viele Jahre lang versucht, meine Mutter in unseren Wohnort zu holen. Dort hätte ich ihr eine eigene kleine Wohnung in unserer Nähe besorgt. Aber es war für sie einfach nicht denkbar, ihr Haus, in dem sie vierzig Jahre ihres Lebens gewohnt hatte, ihr bekanntes Lebensumfeld mit Nachbarn, Freunden und Kirchengemeinde zu verlassen. „Einen alten Baum verpflanzt man nicht“, sagte sie und hatte ja auch Recht damit. Bloß wenn es gar nicht mehr alleine geht, muss doch eine Lösung gefunden werden! Als meine Mutter dann bei einem Besuch zu Weihnachten mit fünfundachtzig Jahren bei uns einen Herzinfarkt bekam, da war die Entscheidung von höherer Warte getroffen, und sie blieb die letzte Zeit ihres Lebens bei uns.

Ich kenne andere Fälle, wo dieses Thema noch nicht einmal angesprochen werden darf. Besonders wenn beide Eltern noch leben und sie sich mehr schlecht als recht gegenseitig helfen können. Dann sind sie meistens ganz und gar unzugänglich für andere Überlegungen. Auf jeden Fall ist es schwierig, den richtigen Zeitpunkt für eine neue Lösung zu finden, und wichtig, ihn nicht zu verpassen.

Die Entscheidung, ob getrennte Lebensbereiche getrennt bleiben sollen oder wieder zusammenfließen können, ist wohl in der Beziehung zwischen Müttern und Töchtern mit die schwierigste Entscheidung überhaupt. Die meisten Töchter machen sich diese Entscheidung nicht leicht, ob ihre Mütter in einem Seniorenheim ihren Lebensabend verbringen sollen oder ob sie in die eigene Familie aufgenommen werden können. Und die meisten Mütter auch nicht. Hier zeigt sich, wie gut das Loslassen in den frühen und das Abstandhalten in den vergangenen Jahren geklappt hat. Wenn es wirklich von Herzen und aus Überzeugung so gelebt wurde, dann ist auch jetzt der Weg frei für eine ungezwungene Entscheidung. Wenn es jedoch mehr oder weniger erkämpft und erzwungen oder – schlimmer noch – gar nicht geschah, dass eine Tochter ihr eigenständiges Leben führen konnte, so ist es jetzt fast unmöglich, eine freie Entscheidung zu treffen.

Dabei hängt von einer freien Entscheidung für beide, Mutter und Tochter, ab, wie gut und harmonisch oder wie schlecht und spannungsreich die letzten Jahre im Leben der Mutter werden.

Ich kenne eine Frau, Mutter von zwei Töchtern, die in vorbildlicher Weise ihre letzte Lebensphase organisiert hat. Es gehört zu den eher seltenen Fällen, dass Mütter gezielt und ganz selbständig planen, wie sie ihren Lebensabend verbringen wollen. Zunächst gehört dazu viel Realitätsbewusstsein. Man muss sich ganz illusionslos Gedanken darüber machen, dass die eigenen Kräfte mit fortschreitenden Jahren abnehmen werden und man irgendwann auf Hilfe angewiesen sein wird, auch wenn man im Moment noch alles gut alleine schafft. Als Zweites gehört der Wille dazu, diese Gedanken und Vorstellungen nicht zu verdrängen, sondern sie zu bedenken und in die Planungen einzubeziehen. Und drittens braucht man viel Mut, um dann auch konkrete Schritte zu tun.

Die Frau, die ich vor Augen habe, hat alle diese Punkte beherzigt. Sie war seit etlichen Jahren Witwe, und ihre Töchter, zu denen sie ein gutes Verhältnis hatte, lebten in eigenen Familien in entfernten Städten. Da machte sie sich bereits als rüstige Frau von noch nicht siebzig Jahren die ersten konkreten Gedanken über ihr Leben im Alter. Für manche gleichaltrigen Frauen ein schier unmögliches Unternehmen. Von vornherein stand für sie dabei fest, dass sie alles ganz selbständig entscheiden wollte. Der Gedanke oder Wunsch, bei einer der Töchter zu leben, kam zu keinem Zeitpunkt auf.

So trat sie in einen Verein ein, der sehr gute Senioreneinrichtungen in ihrer Stadt betreut. Durch die Mitgliedschaft hatte sie die Möglichkeit, selbst einmal in solch eine Einrichtung einzuziehen. Den Zeitpunkt dafür konnte sie selbst bestimmen und auch die Art der Betreuung. So weit, so gut. Jahre vergingen, und so weit gehen manche ältere Menschen noch mit in ihren Planungen.

Aber wenn dann die konkreten Schritte anstehen, werden sie doch immer wieder hinausgeschoben. Nicht so bei besagter alten Dame. Sie war mit Mitte siebzig immer noch gesund und rüstig, versorgte allein ihr Haus und einen ansehnlichen Garten, da überraschte sie ihre Freunde plötzlich mit der Ankündigung: „Jetzt will ich mein Haus verkaufen. Ich habe gerade ein Angebot einer neuen Seniorenwohnung gesehen, die mir sehr gut gefällt. Dort werde ich Ende des Jahres einziehen." Sprach's und bestellte den Makler. Inzwischen ist sie mit dem Ausräumen des Hauses und Vorbereiten des Umzuges beschäftigt. Der Einzug in die neue Eigentumswohnung im Seniorenheim und der Abschied von dem Haus, in dem sie Zeit ihres Lebens gewohnt hat, stehen unmittelbar bevor.

Ich bewundere diese Frau in ihrer klaren Entschlossenheit und ihrem Mut. Vor allem aber ist es dies, was sie zu diesem Vorgehen geführt hat: das Vertrauen auf Gott, der ihre Zukunft und die Zeit, die ihr noch bleibt, in seinen Händen hält. Zwar muss der Mensch eigene Entscheidungen treffen und konkrete Schritte tun, aber wenn er sich von Gott getragen und versorgt weiß, braucht er keine Angst vor dem Älterwerden zu haben und alle Gedanken daran zu verdrängen.

Aber es gibt auch die andere Variante, wo über Jahre getrennte Lebensbereiche von Mutter und Tochter wieder zusammenfließen.

Und dabei gibt es die verschiedensten Variationen. Angefangen von der teil- und zeitweisen Betreuung auf Distanz bis hin zur engen räumlichen und seelischen Nähe.

Die Tochter in erreichbarer Nähe

So ist es ein oft gut funktionierender Kompromiss, wenn eine Mutter zwar in einer eigenen Wohnung, aber in unmittelbarer oder gut zu erreichender Entfernung wohnt. Dann kann die Tochter regelmäßig vorbeikommen und nach Bedarf mehr und mehr Dinge erledigen. Die Mutter kann noch so viel selbst machen, wie irgend möglich ist, aber sie kann auch wenn nötig Hilfe in Anspruch nehmen. Auf diese Weise hat sie eine individuell angepasste Betreuung, mal mehr, mal weniger, an guten Tagen vielleicht auch gar nicht.

Natürlich setzt diese Lösung voraus, dass die Tochter genug Zeit und Kraft dafür hat. Wenn sie durch Berufstätigkeit oder die Arbeit in der eigenen Familie zu sehr in Anspruch genommen ist, kann sie die zusätzliche Belastung vielleicht nicht übernehmen. Dann muss Hilfe von außen angenommen werden. Die häuslichen Pflegedienste sind ja gerade auch für diese Situationen gedacht und in vielen Fällen ein echter Segen. Auf jeden Fall muss die Tochter die Freiheit haben, auch nein sagen zu dürfen. Von vielen Beispielen weiß ich, dass dies die schwerste Entscheidung für Töchter ist und sie oft erst nach körperlichen oder seelischen Zusammenbrüchen dazu bereit sind, deutliche Grenzen zu ziehen. So kann es sein, dass eine Tochter immer noch lieber die Last der Betreuung auf sich nimmt, als in der ständigen Ungewissheit zu leben, wie es der Mutter wohl geht. Das berechtigte oder unberechtigte schlechte Gewissen ist vielleicht für sie eine noch größere Last, die die Tochter auch bei allem Bemühen nicht ablegen kann. Sie muss die eine Last gegen die andere abwägen und entscheiden, was sie tun will.

Das Zusammenleben bei der Tochter

Am schwierigsten ist jedoch die Pflege der Mutter in der eigenen Familie. Ohne räumlichen Abstand in einem

Haus oder einer Wohnung zusammenzuleben, erfordert ganz besonderen Zeit- und Krafteinsatz. Dies ist auch die Konstellation, die am meisten Streit und Probleme bringt. Streit innerhalb der Familie, mit Kindern und Ehemann, Streit auch zwischen Mutter und Tochter. Und deshalb sollten alle Vor- und Nachteile sorgfältig abgewogen werden, ehe eine Tochter sich zu dieser Lösung bereit erklärt. Ein gewisses Maß an Toleranz und Bereitschaft zum Verzicht darf wohl verlangt werden, aber wenn die Familie zu sehr unter der neuen Situation leidet oder sogar zu zerbrechen droht, ist klar, dass nach anderen Wegen gesucht werden muss.

Ich denke dabei im Wesentlichen an die heutige Familiensituation in der Kleinfamilie einer Stadt. In ländlichen Gegenden ist die Lage wohl auch heute noch anders. Besonders wenn Eltern und Kinder schon immer zusammen in einer Wohn- und Lebensgemeinschaft auf einem Bauernhof gewohnt haben, ist es einfach undenkbar, eine Mutter in ein Seniorenheim zu geben, selbst wenn dieses noch so vornehm und komfortabel ist. Allerdings haben selbst die früheren Generationen schon weise darauf geachtet, ein so genanntes Altenteil zu haben. Das ist eine separate Wohnung für die alte Generation, die nicht mehr aktiv am Arbeitsprozess des Hofes beteiligt ist. Dass der Übergang vom aktiven zum passiven Leben auf dem Hof nicht unproblematisch ist und oft große Schwierigkeiten macht, ist ein eigenes Thema. Zumindest ist die räumliche Beständigkeit hier einfach eine Tatsache, die positive und negative Seiten hat.

Wenn eine Stadtfamilie schon jahrelang als Kleinfamilie ohne die Großeltern gelebt hat, ist es jedenfalls unvergleichlich viel schwieriger, einen Menschen zusätzlich aufzunehmen. Oft ist es auch aus Platzmangel gar nicht möglich.

Die wichtigste Voraussetzung für ein harmonisches Zusammenleben ist jedoch die Einstellung der Mutter. Es ist ein großer Unterschied, ob eine Mutter erntet, was sie gesät hat, oder fordert, was ihr nach ihrer Meinung zusteht.

Im ersten Fall ist die Motivation der Tochter die Dankbarkeit für alle selbst erlebte Fürsorge. Sie möchte zurückgeben, was sie selbst jahrelang erhalten hat. Die Mutter wird wiederum dankbar die Hilfe der Tochter annehmen und sich in die Familie ohne große Ansprüche und Erwartungen einfügen.

Anders ist es, wenn die Tochter sich von den Forderungen der Mutter genötigt fühlt, weil diese vieles als selbstverständlich ansieht. Eine solche Mutter erwartet, dass sie im Mittelpunkt steht und sich alles um sie dreht, auch oder gerade in der neuen Situation der Hilfsbedürftigkeit. Sie fühlt zwar ihre Ohnmacht, will aber die letzten Reste ihrer ehemaligen Macht über die Tochter nicht kampflos aufgeben. Ihr Egoismus und ihre Anspruchshaltung machen ein Zusammenleben fast unmöglich.

So kann es sein, dass eine Frau wieder zu einer schon mit kleinen Kindern durchlebten Phase zurückkehrt. Sie erlebt wieder Bestätigung und Überforderung. Bestätigung, wenn sie der Mutter in ihrem Alter und ihrer Schwäche Schutz und Geborgenheit geben kann. Überforderung durch die Mühe und Arbeit, die diese neue Situation kostet. Die Frage ist dabei, ob sie in alte Machtverhältnisse zurückkehrt, oder ob ihr eine neue Aufteilung der Macht gelingt.

„Es ist eine besonders problematische Konstellation, wenn Töchter ihre Mütter pflegen“, sagte einmal eine erfahrene Altenpflegerin. Der Abstand zwischen beiden ist unter Umständen nicht groß genug. Die Tochter schafft es oft nicht, sachlich und mit genügend Distanz die notwendigen Dinge zu tun oder auch einmal gegen den Willen der Mutter durchzusetzen. Und die Mutter will in der ohnmächtigen Situation der eigenen Hilflosigkeit noch einmal die Macht über die Tochter ausleben. Dabei funktionieren die Mechanismen noch gut, selbst wenn sie viele Jahre ungeübt waren und als überwunden galten.

Eine Frau erzählt über die Pflege ihrer Mutter: „Ich war über mich selbst erstaunt und erschrocken. Der Tonfall in der Stimme meiner Mutter, den der Rest der Familie gar nicht wahrnahm, genügte oft, um mich in Alarmbereitschaft zu versetzen. Er hatte solche Macht über mich, dass ich noch mitten in der Nacht ein Extrasüppchen für meine Mutter kochte, obwohl ich schon alles in meinen Kräften Stehende zu ihrem Wohlbefinden getan hatte und total erschöpft war. Ich hatte manchmal das Gefühl, dass sie mir allein mit ihrer Anwesenheit die Luft zum Atmen nahm. Ich lebte in der ständigen Anspannung: Was erwartet Mama jetzt von mir? ‚Du musst auch mal nein zu Oma sagen', meinten meine Kinder. ‚Geh doch einfach mal zum Friseur. Es wird schon nichts passieren in der Zeit. Und außerdem sind wir ja auch noch da.' Und dann ging ich zum Friseur, und meine Gedanken gingen mit, und der Druck ihrer Erwartung lag schwer auf mir. ‚Gut, dass du wieder da bist. Wo bist du denn so lange gewesen?', fragte sie dann, als ich wieder zu Hause war, und ich meinte, den feinen Vorwurf zu spüren, der in ihren Worten lag. ‚Du spinnst ja, Mama, das bildest du dir ein', war die Reaktion der Kinder. Und vielleicht hatten sie Recht. Aber den Seismograph für die feinen Untertöne haben wohl nur Töchter und nicht die Enkelkinder. Da kommen die Verhaltensmuster aus früher Kindheit plötzlich wieder zum Vorschein, ob ich will oder nicht. Und es kann wohl sein, dass die Erwartung, die ich selbst an mich als gute Tochter hatte, mich viel mehr belastete als die Erwartung meiner Mutter an mich."

Aber es ist nicht nur die Überforderung, die am Ende zählt. Es kann auch als großes Glück und als Ehre empfunden werden, wenn eine Tochter ihre Mutter auf dem letzten Stück ihrer irdischen Wegstrecke begleiten darf. Das jedenfalls berichtete mir eine Frau nach langer und mühevoller Pflege ihrer Mutter.

Sie sagte, dass sie ihr eigenes Verhalten ganz neu und bewusst beobachtet hat. Sie hat sich gefragt, woher es kam, dass sie auf ein bestimmtes Verhalten der Mutter ganz spontan in bestimmter Weise reagierte: freundlich, bestimmt, beleidigt, empfindlich, kurz angebunden oder aggressiv. Meistens handelte es sich da um Verhaltensweisen, die in Kindheit und Jugend eingeübt wurden und im Umgang mit der Mutter immer noch galten. Das ist gut, wenn es Verhaltensmuster sind, die wir bejahen und zu denen wir heute noch stehen, aber es ist schlecht, wenn es als ein Verhalten, was wir eigentlich gar nicht wollen, unüberlegt beibehalten wurde. Dann ist es wirklich höchste Zeit, dies zu bearbeiten und, wenn möglich, abzulegen.

Das Beispiel einer anderen Frau zeigt, dass es möglich ist, auch nach langen Jahren einer schwierigen Mutter-Tochter-Beziehung am Ende zu einem guten und verständnisvollen Zusammenleben zu kommen. „Ich habe mich schrecklich gefürchtet vor dem Augenblick, wo ich meine alte und kranke Mutter zu mir nehmen musste. Aber es gab keine andere Möglichkeit. Und nun nach vielen Monaten des gemeinsamen Lebens mit allen Schwierigkeiten, die dazu gehören, ist alles ganz anders gekommen als erwartet. Ich bin nicht nur überrascht und immer wieder erstaunt, wie gut es mit uns geklappt hat, sondern ich bin auch froh und dankbar dafür. Es war gut, dass wir beide diese Gelegenheit hatten.

Es lag nicht nur an der Verschiebung der Machtverhältnisse. Ich habe nicht die ohnmächtige Situation meiner Mutter ausgenutzt. Es lag am beiderseitigen Willen, das Beste aus der Lage zu machen in der Zeit, die uns noch blieb.

So mussten wir nicht in ungeklärten Verhältnissen, unausgesprochenen Missverständnissen und unbewussten Vorwürfen stecken bleiben. Ich war gezwungen, mir bewusst Rechenschaft abzulegen über die Beziehung, die ich zu meiner Mutter hatte. Und diese Beziehung ist durch die Zeit des engen Miteinanders besser geworden, als sie jemals vorher war. Trotz der Krankheit, trotz der Arbeit und trotz der vielen schweren Situationen war es eine gute und gesegnete Zeit für uns beide.“

Mütter erzählen

1. Meine Beziehung zu meinen drei Töchtern

Von meinen drei Töchtern ist mir die älteste wesensmäßig am nächsten und die jüngste am fernsten. Deshalb ist es auch nicht verwunderlich, dass ich mich mit meiner ältesten Tochter am besten von allen dreien verstehe. Ohne viele Worte und Erklärungen weiß ich, was sie denkt und fühlt. Und meistens kann ich, ohne zu fragen, ihre Stimmung und Meinung genau beschreiben. Ich sehe mit Freude und einer Art Genugtuung ihre positiven Eigenschaften, ihre zugewandte, offene Art, ihre Freundlichkeit und Verträglichkeit. „Wer mit K. nicht auskommt, hat selber Schuld", sagte neulich jemand zu mir. Auch ihre Feinfühligkeit im Umgang mit anderen und ihr Einfühlungsvermögen machen sie einfach zu einem liebenswerten Mädchen, mit dem alle gern befreundet sein möchten.

Wenn man sie allerdings sehr gut kennt, dann weiß man auch, dass diese so positiven Eigenschaften auch ihre Schattenseiten haben. So kann sie emotional überreagieren, überempfindlich sein, schnell in Tränen ausbrechen und bei Enttäuschungen besonders entmutigt sein. Ähnlich wie bei den emotionalen Stimmungen ist es bei den geistigen Fähigkeiten. Sie ist vielseitig begabt und kann ihre Begabungen zielstrebig einsetzen. Leider erkennt sie dabei nicht immer ihre Grenzen und verlangt dann von sich selbst mehr, als sie eigentlich leisten kann und muss. Dieser extreme Ehrgeiz führt zwar zu ganz besonders guten Leistungen in Schule und Ausbildung, muss aber auch mit viel Stress und Anstrengung bezahlt werden. Es fällt ihr besonders schwer, Grenzen zu ziehen und nein zu sagen zu eigenen und fremden Ansprüchen.

Deshalb wünsche ich ihr ganz besonders, dass sie lernt, ohne Schuldgefühle nein zu sagen. Dieser Punkt ist mir auch deshalb so wichtig, weil ich selbst an dieser Stelle noch viel lernen muss. Gern wäre ich hier für meine Tochter ein Vorbild, aber ich befürchte, dass sie mein Muster nur übernommen hat und sich genauso wie ich immer wieder mit Dingen überfordert, die sie getrost auch andere machen lassen könnte.

Außerdem wünsche ich ihr, dass sie in ihren Freundschaften innerlich freier und unabhängiger wird. Da sehe ich oft hilflos zu, wie sie die Verantwortung für das Gelingen einer Beziehung übernimmt, und dabei würde ich mir und ihr doch so sehr wünschen, dass sie erleben könnte, selbst getragen zu werden. Dies ist eine besonders schmerzliche Beobachtung für mich, denn sie erinnert mich daran, wie ich selbst schon sehr früh in meiner Familie Verantwortung übernehmen musste und eigentlich nie so richtig Kind sein konnte.

Vor kurzem hat meine Tochter uns verlassen, um in einer anderen Stadt zu studieren. Obwohl sie schon einmal während eines Auslandsaufenthalts für längere Zeit von zu Hause weg war, ist mir dieser Abschied sehr schwer geworden. Ich vermisse ihre fröhliche, offene Art und ihre Fähigkeit, Spannungen und Probleme in der Familie auszugleichen. Natürlich weiß ich, dass ich sie loslassen muss, damit sie ihr eigenes Leben führen kann und ganz selbständig zu leben lernt, und ich bejahe dies auch. Aber trotzdem ist der Schmerz des stückweisen Abschieds noch nicht überwunden.

Der Kontakt zu meinen anderen beiden Töchtern ist für

mich viel schwieriger. Das liegt wohl daran, dass sie mir in ihrer jeweiligen Art wesensmäßig fremder sind und ich ihr Verhalten oft nicht verstehe, obwohl ich mich sehr bemühe. Natürlich habe ich auch sie lieb und sehe viele liebenswerte Seiten an ihnen, aber ihre Andersartigkeit und besonders die Verschlossenheit der Jüngsten machen mir den Zugang schwer. Was bei meiner ältesten Tochter so ganz selbstverständlich und automatisch gelingt, muss ich bei ihnen mit viel Anstrengung erkämpfen.

Ich gebe die Hoffnung nicht auf, dass wir alle eine herzliche Beziehung zueinander gewinnen, und bete für alle drei, dass sie zu selbstbewussten Frauen werden, die im Leben gut zurechtkommen.

S., 42 Jahre

2. Was habe ich nur falsch gemacht?

„Nun bist du wohl zufrieden, so kann ich ja heute Abend nicht zu der Fete gehen." Das waren die ersten Worte meiner Tochter, als ich mich sorgenvoll über sie beugte, die mit zerschlagenem Gesicht und schmerzenden Gliedern im Bett lag. Ich wollte sie trösten und pflegen, aber sie konnte selbst in dieser Situation den schwelenden Machtkampf zwischen uns nicht vergessen.

An diesem Morgen hatte sie sich gerade auf den Weg zur Schule gemacht – wie so oft in Hektik und viel zu spät –, als kurz darauf ein Polizist vor unserer Tür stand, mit ihrem verbeulten Fahrrad und der Mitteilung, dass sie einen Unfall hatte und auf dem Weg ins Krankenhaus sei.

Als besorgte Mutter eilte ich zu ihr, hatte längst den Streit des Morgens vergessen und wollte nur bei ihr sein und ihr Gutes tun. Doch die Mauer des Misstrauens und der Ablehnung stand selbst jetzt zwischen uns. Und in mir stiegen wieder die bohrenden Fragen auf, die unsere Beziehung in den letzten Jahren so belasteten: Wo ist bloß das fröhliche, temperamentvolle Kind geblieben, das alle wegen seiner Offenheit und Freundlichkeit so liebenswert fanden? Ist dies dasselbe Mädchen, das mich anlachte und strahlte, wann immer es etwas Neues zu erleben gab? Das Kind, das erwartungsvoll und voller Vertrauen auf Menschen zuging und sie mit seinem Charme gewinnen konnte? Was ist geschehen, dass sie nun so abweisend, verschlossen und misstrauisch geworden ist? Was hat unsere Beziehung so zerstört? Was habe ich falsch gemacht? Und wie können wir wieder zueinander finden?

Die Veränderung meiner Tochter geschah ganz plötzlich, fast über Nacht, und zwar im frühen Alter von neun Jahren. Da überraschte sie mich eines Abends mit der deutlichen Aussage: „Ich will nicht mehr, dass du mit mir betest." Und trotz meiner Einwände, Bitten und Bemühungen blieb es dabei. So konnte ich von da an nicht mehr mit ihr, sondern nur noch für sie beten.

Ohne Vorwarnung wurde aus dem vertrauensvollen, extrovertierten Kind ein völlig abweisendes, wortkarges Mädchen, das sich zurückzog und zu Hause nichts erzählte von den Schwierigkeiten in der Schule und von der Ablehnung durch die Klassenkameraden. Sie wollte sich nicht helfen lassen, sondern die Dinge mit sich selbst abmachen. Ihr ungebrochenes Temperament machte dabei die Situation nicht leichter. Heftiger Streit und lautstarke Auseinandersetzungen gehörten bald zur Tagesordnung und belasteten die ganze Familie. Für mich war diese Entwicklung besonders schlimm und unverständlich. Ich selbst war immer ein pflegeleichtes, angepasstes Kind gewesen und hatte bisher in meinen Beziehungen zu anderen Menschen kaum Schwierigkeiten gehabt. Aber nun geriet ich ausgerechnet mit meinem eigenen Kind so heftig aneinander. Wahrscheinlich lag es an der Grundverschiedenheit unserer Temperamente, dass sich ihr ganzer Frust und ihre Wut so gezielt gegen mich wendeten. Es gab Zeiten, wo es fast unmöglich schien, dass wir beide noch weiter unter einem Dach zusammenleben konnten.

Bei meiner großen Ratlosigkeit war mir eins aber immer ganz klar: Aufgeben würde ich nicht. Ich wollte aushalten, auch wenn es manchmal nicht mehr zum Aushalten war. Ich wollte nicht resignieren, sondern durchhalten, egal wie lange.

Etwa zehn Jahre dauerte diese anstrengende Zeit, die mich oft bis an oder gar über die Grenzen meiner Belastbarkeit gebracht hat. Wir haben eine räumliche Trennung in Erwägung gezogen und Hilfe bei einer psychologischen Beratungsstelle gesucht. Richtig geholfen hat weder das eine noch das andere.

Erst allmählich, ganz langsam und vorsichtig ist eine Annäherung fast wie von selbst geschehen. Es ist, als ob wir beide uns aus der Phase der extremen Zerwürfnisse lösen und im Gespräch beginnen, unsere Verschiedenartigkeit gegenseitig zu akzeptieren.

Ich wünsche mir für meine Tochter, dass sie ihre positiven kindlichen Anlagen, ihre fröhliche und freundliche Art und ihre wunderbare Begabung, offen auf Menschen zuzugehen, so festigen kann, dass sie genügend Bodenhaftung gewinnt. Wenn es ihr gelingt, ihr Temperament und ihre Emotionalität so zu zügeln, dass sie damit nicht andere Menschen abschreckt, sondern beschenkt, wird sie merken, wie reich es sie macht.

So kann es heute manchmal geschehen, dass ausgerechnet diese Tochter als Erste merkt, wenn es mir einmal nicht gut geht. Und wenn sie mich dann ohne viele Worte in den Arm nimmt, dann weiß ich, dass wir seit einiger Zeit auf einem guten Weg sind.

G., 45 Jahre

3. Wenn sich Muster wiederholen

„Ist das hübsche Mädchen auf der Titelseite nicht Ihre Tochter?“ So empfängt mich eine Kollegin, als ich morgens zum Dienst komme. Ja, das ist meine Tochter. Sie ist wirklich außergewöhnlich hübsch, und ich freue mich darüber. Ich weiß auch, dass sie nicht nur schön ist, sondern ganz besonders sensibel, einfühlsam, kreativ, musisch begabt. Dazu hat sie eine ausgesprochen soziale Ader. Lauter wunderbare Eigenschaften, die mich als Mutter ein Stückchen stolz sein lassen.

Wenn da nicht die andere Seite wäre. Sozusagen die Kehrseite der Medaille. Ich sehe nämlich bei meiner Tochter ein Lebensmuster, das ich nur zu gut kenne. Obwohl wir uns äußerlich nicht sehr ähnlich sehen, sind unsere Persönlichkeitsstrukturen erschreckend eng verwandt.

Es gibt Situationen in ihrem Leben, die mir wie eine exakte Wiederholung meiner eigenen Erlebnisse vorkommen. Als ich zum Beispiel von empörten Lehrern zur Schule bestellt wurde und mir dort die Klagen über meine Tochter anhören musste, da tauchte vor meinem inneren Auge die peinliche Situation vor mehr als zwanzig Jahren auf. Damals hatte ich wegen eines harmlosen Schülerstreichs einen ernsten Tadel bekommen und konnte nur auf der strengen Schule bleiben, weil meine Mutter sich so für mich einsetzte. Auch meine wilde Teenagerzeit mit extrem kurzen Miniröcken haben meine Mutter damals viele Nerven gekostet. Warum sollte es mir nun besser gehen, so könnte man sich fragen. Aber das Verhalten meiner Tochter in den entsprechende Jahren hat meine Belastbarkeit und mein mütterliches Verständnis mehr als einmal auf eine harte Probe gestellt. Besonders schlimm waren für mich auch die Zeiten, als ich hilflos mit ansehen musste, wie meine Tochter sich Cliquen anschloss, die einen sehr schlechten Einfluss auf sie ausübten. Und dabei erinnere ich mich noch gut daran, dass auch ich in dem entsprechenden Alter immer in der Gefahr stand, in falsche Freundeskreise zu geraten. Und ich weiß auch noch, wie viele Auseinandersetzungen es um die Freunde und Partys in meiner Jugend gab.

Ganz besonders deutlich aber werden die Parallelen zwischen meiner Tochter und mir in der Beziehung zum Vater. Hier wiederholt sich ein Lebensmuster, das von Liebe und Enttäuschung geprägt ist. Ein liebevoller Vater, der durch seine psychische Labilität kein Vertrauen aufbauen konnte, hat mein Leben bestimmt. Immer wieder habe ich seinen Versprechungen geglaubt, und immer wieder wurde ich enttäuscht. Dazu kam, dass ich nach außen den Schein der heilen Beziehung wahren wollte und damit als Kind und später als Teenager total überfordert war.

Für meine Kinder hatte ich mir natürlich einen treuen und verlässlichen Vater gewünscht, aber nun muss ich erleben, wie meiner Tochter genau dasselbe Schicksal widerfährt wie mir.

Ihre Beziehung zu ihrem Vater ist emotional sehr eng. Umso schlimmer sind die ständigen Enttäuschungen und die nicht eingehaltenen Versprechungen. Auch das Gefühl, vom Vater gegen die Mutter beeinflusst zu werden, verursacht in ihr ein Schuldgefühl und führt zu Misstrauen und Verlustangst.

Ich habe Angst, dass meine Tochter sich in eine Traumwelt flüchtet, weil die Realität, so wie sie sie erlebt, oft zu schmerzhaft für sie ist. Darum wünsche ich mir für sie ein gesundes Selbstwertgefühl. Dazu gehören Durchhaltevermögen und Erfolg in der Ausbildung und Menschen, bei denen sie Verlässlichkeit und Treue erlebt, damit aus Misstrauen und Angst Vertrauen und Gelassenheit werden kann.

Ich weiß, dass die vielen Gebete für meine Tochter nicht ungehört bleiben werden.

Ich weiß, dass diese Wünsche nicht leicht zu erfüllen sind, und sehe meine eigene Geschichte und mein Unvermögen. Aber ich weiß auch, dass die vielen Gebete für meine Tochter nicht ungehört bleiben werden. Ich kann und will nicht glauben, dass die Gene und die negativen Erfahrungen in einem Menschenleben das letzte Wort haben.

Wir haben wunderschöne Urlaubszeiten miteinander erlebt, meine Tochter und ich. Lachend und unbeschwert, fröhlich und unternehmungslustig, kreativ in Worten, Taten und Beziehungen.

Dass solche Zeiten ihren heilenden und positiven Einfluss haben und weiter wirken in den Alltag hinein, das ist meine Hoffnung für meine wunderbare Tochter.

R., 52 Jahre

4. Gleichrangiges Gegenüber

Wenn ich an meine beiden erwachsenen Töchter denke, sehe ich als Erstes ihre mir zugewandten Gesichter, ihre Augen groß, offen, glänzend. Wir werden ein Gespräch beginnen, das – ob es nun im Alltäglichen bleibt oder zum Wesentlichen übergeht – getragen ist von Vertrauen und langer Vertrautheit. Ich meine damit nicht nur die Zeit ihrer Kindheit, sondern auch erinnerungswürdige gemeinsame Erlebnisse der letzten Jahre, wenn wir denn einmal länger Zeit füreinander hatten, zum Beispiel auf einer Reise.

Besonders schön finde ich es, wenn sie mich ein wenig an ihrem heutigen Alltagsleben teilnehmen lassen, wenn ich zum Beispiel in der logopädischen Praxis der älteren Tochter hospitieren kann. Die Arbeit mit Sprache und mit Menschen gehörte auch zu meinem Beruf, da sind unsere Interessen verbunden. Dann sehe ich, wie sie kompetent und fantasievoll mit den Patienten arbeitet, wie sich Erfolge einstellen. Sehr beglückend ist es auch, wenn ich die andere, die Musikerin geworden ist, im Konzert erleben darf. So ein Auftritt zeigt mir meine Tochter in einem ganz anderen, fremden Licht, in dem sie im Gegensatz zu mir zu Hause ist. Mit staunender Dankbarkeit sehe ich deshalb immer wieder, wie aus den einstigen „Windelpaketen" so liebenswerte und erfolgreiche Frauen geworden sind, die ich längst als gleichrangiges Gegenüber empfinde.

Und wenn ich bei wichtigen Entscheidungen noch um Rat gefragt werde und wir dann gemeinsam nach Lösungen suchen, freue ich mich über ihr Vertrauen und halte mich mit allzu deftigen Empfehlungen zurück. Vieles von dem, was mir selbst im Leben wichtig war, konnte ich ihnen in unserer langen gemeinsamen Geschichte weitergeben – die Freude am Leben und an Menschen, die Neugier auf fremde Länder, die Liebe zur Kunst, zur Sprache, zur Musik. Anderes haben sie sich selbst angeeignet. Und so erlebe ich heute meine Töchter, jede auf ihre ganz individuelle Weise, als freie und interessante Pesönlichkeiten mit einer großen Liebe zum Leben und allem, was es schön machen kann. Vor allem aber: Sie haben ihr Leben bei Gott festgemacht, das gibt ihnen auch in Krisen Rückhalt und Hoffnung. Dann können sie weinen und jammern, aber sie verlieren die Hoffnung nicht, und irgendwann können sie dann auch wieder von Herzen lachen.

Schwierige Phasen in unserer Beziehung hatten immer mit Nähe und Distanz zu tun. Während die in vielen Familien so problematische Pubertät bei uns relativ ruhig verlief, war die Zeit der äußeren Ablösung, als sie zum Studium wegzogen, zumindest für mich doch recht schmerzlich. Durch die räumliche Distanz war das offene Gespräch nicht mehr so einfach möglich. Ich konnte ihnen nicht helfen bei Krankheit oder Liebeskummer. Und auch umgekehrt hätte ich mir für eigene Krisenzeiten jetzt manchmal mehr Nähe und Unterstützung gewünscht. Aber ich bin froh darüber, dass sie beide miteinander eng verbunden sind und zusammenhalten.

Manchmal frage ich mich etwas besorgt, ob ihre freie und bewusste Persönlichkeit auf andere Leute einschüchternd wirken könnte und ob ihre Ansprüche an Menschen und deren Möglichkeiten vielleicht zu hoch sind. Dann erinnere ich mich an meine eigenen Ansprüche und an all die Abstriche, die ich im Laufe des Lebens machen musste. Ich hoffe doch, dass sie davor bewahrt bleiben, aus ihren Vorstellungen und ihrer Selbständigkeit später einmal eine egozentrische Lebensart zu entwickeln.

Ich wünsche ihnen Erfolg und Freude im Beruf, gute Beziehungen zu Menschen, die ihr Leben bereichern und beeinflussen können, auch eine eigene Familie, wo sie geborgen sind, und ständige Weiterentwicklung auf dem geistlichen Weg. Wie auch immer es kommen mag, so wünsche ich mir, dass ich auch weiterhin an ihrem Leben ein wenig beteiligt sein darf. Wenn sich dann mit zunehmendem Alter der Rollenwechsel langsam ankündigt, hoffe ich, von der Stärke und der Liebe meiner beiden erwachsenen Töchter noch ein wenig mitgetragen und neu „angesteckt“ zu werden.

W., 65 Jahre

5. Meine Tochter ist ganz anders als ich

Die ganze Familie sitzt um den Esszimmertisch: Vater, Mutter und die beiden Mädchen, zehn und zwölf Jahre alt. Wir malen ausgepustete Eier für einen schönen Osterstrauß an. Farben und Pinsel stehen bereit, und jeder macht es so schön, wie er kann. Schon bald bemerke ich, dass unsere Jüngste ganz versunken ist in ihre Arbeit. Sie scheint die Welt um sich herum zu vergessen, und unter ihren Händen entstehen wahre Kunstwerke, fantasievoll und fantastisch in Farben und Figuren, gar nicht zu vergleichen mit unseren anderen Ergebnissen, die sich dagegen eher kümmerlich ausnehmen.

So habe ich schon früh bei meiner Tochter eine besondere künstlerische Begabung entdeckt. Besonders gefördert habe ich diese Begabung jedoch nicht. Ich habe sie einfach gewähren lassen, in allem, was sie anfasste, ihre gestalterische Kraft und ihren ausgeprägten ästhetischen Sinn beobachtet und mich darüber gefreut. Basteln, so wie wir es früher gemacht hatten, war schon bald „unter ihrer Würde“.

Zwar hatte auch ich großes Interesse an Kunst, besonders an klassischer Musik, aber eher in einer passiven Genusshaltung beim Hören von Konzerten und Betrachten von Bildern. Nun erlebte ich in meiner Tochter einen Menschen, der aktiv, schöpferisch Neues gestaltete, was ich oft staunend bewunderte und manchmal auch etwas ängstlich beobachtete, weil es mir doch irgendwie fremd war. Als sie dann nach der Schulzeit eine Kunstfachschule besuchen und ihre Begabung zu ihrem Beruf machen wollte, hatte ich mich schon längst an diesen Gedanken gewöhnt und habe sie in ihrem Vorhaben sehr unterstützt.

Auch an die weniger schönen Eigenschaften, die mit ihrer künstlerischen Begabung einhergingen, kann ich mich noch gut erinnern. Da war zum Beispiel ihre besondere Lässigkeit und Unordnung, mit der sie mich förmlich zur Verzweiflung brachte, weil das meinem Lebensstil so gar nicht entsprach. Wie oft gab es Streit, wenn in ihrem Zimmer wieder einmal alles durcheinander lag, was sie überhaupt nicht, mich aber umso mehr störte. Außerdem stand sie auch immer in der Gefahr, sich ins Übertriebene, Extreme, ja Maßlose zu steigern, was uns beide viel Kraft kostete.

Ihre Verschlossenheit und ihr zurückhaltendes, introvertiertes Wesen hat es mir oft schwer gemacht, einen Zugang zu ihr zu finden und einen lebendigen Austausch zu haben. Meist machte sie das, was sie betraf, mit sich selbst ab, ohne viel darüber zu reden oder gar um Rat und Hilfe zu fragen.

In dieser Haltung erkenne ich mich selbst wieder, und ich weiß heute, dass ich mir dadurch so manches unnötig schwer gemacht habe. Auch bei meiner Tochter erlebte ich, dass sie Beziehungen zu Menschen nur zögernd aufbaute und es bewusst lernen musste, offen auf andere zuzugehen.

In den letzten Jahren hat meine Tochter ihre Begabung besonders im Umgang mit Blumen eingesetzt. Da macht sie professionell ganz einzigartige, kunstvolle getrocknete Blumensträuße, die in der Fachwelt viel Anerkennung finden. Das freut mich besonders, weil wir uns hier bei einer gemeinsamen Liebe zu Pflanzen treffen, und weil ich sehe, dass ihr durch die Beschäftigung mit Blumen der Zugang zu Menschen leichter geworden ist und sich so schon so manche Freundschaft angebahnt hat.

Aus ihrer kreativen Arbeit schöpft sie auch die ganze Kraft, die sie für die Bewältigung ihrer Probleme in Ehe und Familie braucht. Dort hat sie in Krisensituationen schon so schwere Konflikte ohne fremde Hilfe ausgehalten, dass ich mich nur wundern kann.

Als Mütter sind wir beide nie gluckenhaft und gefühlsbetont, sondern eher kühl und abwartend gewesen. Wir haben aber trotz räumlicher und emotionaler Distanz immer eine offene, herzliche Beziehung zueinander gehabt, und ich wünsche mir und ihr, dass das auch weiterhin so bleibt.

I., 80 Jahre

Töchter erzählen

1. Auf meine Mutter kann ich mich hundertprozentig verlassen

Es ist wieder einmal später geworden, als es eigentlich sein sollte, und das nun schon drei Tage hintereinander. Mit klopfendem Herzen und schlechtem Gewissen schließe ich die Haustür auf. Eine Entschuldigung habe ich mir schon zurecht gelegt. Doch meine Mutter will heute Abend keine Erklärungen hören. Sie ist einfach nur sauer und lässt mich das auch deutlich spüren. Wenn ich ehrlich bin, kann ich ihre Wut verstehen, denn wir hatten eine Abmachung getroffen, und ich habe sie nicht eingehalten. Und dabei weiß ich doch genau, wie wichtig auch mir in unserer Gemeinschaft solche Vereinbarungen sind und dass sich meine Mutter an ihre Versprechen hält. Und außerdem weiß ich ja auch, dass sie nicht wirklich böse ist, sondern Angst und Sorge um mich hat. Und obwohl sie in solchen Situationen richtig stur und unnachgiebig ist, bin ich doch eigentlich froh, dass ich so eine tolle Mutter habe, und ich möchte später wohl auch einmal so werden wie sie.

Unser Zusammenleben ist überwiegend harmonisch, und wenn es Streit gibt, so können wir uns doch immer wieder entschuldigen und vertragen. Das liegt wohl hauptsächlich daran, dass wir mit Vereinbarungen leben, die wir gemeinsam ausgehandelt haben und die für mich auch, wenn sie mir manchmal unnötig erscheinen, doch meistens sinnvoll und einsichtig sind. Dadurch ist unser Zusammenleben ein verbindliches Miteinander, das mir viel Sicherheit verleiht. Im Großen und Ganzen halte ich mich ja auch an unsere Absprachen, und ich weiß vor allem, dass ich mich immer und überall hundertprozentig auf meine Mutter verlassen kann. Das ist ein tolles Gefühl.

Wir leben mit Vereinbarungen, die wir gemeinsam ausgehandelt haben. Dadurch ist unser Zusammenleben ein verbindliches Miteinander, das mir viel Sicherheit verleiht.

Dass meine Mutter immer ganz zu mir steht und für mich eintritt, habe ich vor einiger Zeit wieder einmal ganz deutlich erlebt. Als ich bei einer Umschulung in eine andere Klasse sollte als meine beste Freundin, hat meine Mutter bei den Lehrern für mich gekämpft, bis ich mit meiner Freundin zusammen war. Das war für sie gar nicht einfach, aber ich vergesse es ihr nie.

Überhaupt gibt es viele schöne gemeinsame Erlebnisse. Im Urlaub zum Beispiel oder wenn wir zusammen in der Stadt bummeln gehen. Dann stellt sie sich auf meine Bedürfnisse und Interessen ein und ist eine gute Begleiterin für mich.

Obwohl meine Mutter allein erziehend und berufstätig ist, nimmt sie sich so viel Zeit für mich, wie eben möglich ist. Als ich zum Beispiel ein Schulpraktikum in einem Hotel machen musste, hat sie sich vorher viele Hotels mit mir angesehen, und wir haben uns ausführlich über meine zukünftigen Pläne und Wünsche in Bezug auf meinen Beruf unterhalten. Das hat mir sehr geholfen und meine Unsicherheit und Angst vor der neuen Aufgabe viel kleiner gemacht.

Ganz wichtig in unserer Beziehung ist, dass wir uns viel erzählen. Meine Mutter berichtet von ihrer Arbeit, und ich kann ihr auch alles sagen, was mich beschäftigt und was ich erlebe, ob es nun gut ist oder nicht. Es findet nicht alles ihre Zustimmung, aber ich fühle mich immer von ihr ernst genommen, und sie kann mir oft mit guten Ratschlägen helfen. Dadurch habe ich nie das Gefühl, mit Problemen allein gelassen zu sein.

So verläuft unser gemeinsames Leben, so weit das eben möglich ist, in gesicherten Bahnen, wo eine die andere einschätzen und sich auf sie verlassen kann. Und unser ganz normaler Alltag, der uns durch Beruf und Schule meist nicht viel gemeinsame Zeit lässt, beginnt doch immer mit einer kurzen Absprache am Morgen und endet mit einem längeren Austausch am Abend. Das finde ich sehr schön und wichtig, weil es unsere Verbindung stärkt und lebendig erhält.

L., 16 Jahre

2. Nach außen stark, innen weich

Auf den ersten Tag in der neuen Schule hatte ich mich sehr gefreut. Aber nun lag ich mit Pfeifferschem Drüsenfieber im Bett und konnte nicht hingehen. Darüber war ich sehr traurig, aber meine Mutter wusste Rat. Sie ging einfach für mich hin, stellte sich zu den Schülern, und als mein Name aufgerufen wurde, ging sie nach vorne. Sie besorgte mir einen guten Platz im Klassenraum, schrieb den Stundenplan und die Namen der Lehrer auf, und zu Hause erzählte und erklärte sie mir alles, was ich wissen wollte.

Diese Geschichte ist typisch für meine Mutter. Sie setzt sich in jeder Situation uneingeschränkt für ihre Familie ein und hat mich immer unterstützt, wenn ich sie brauchte und mir mit Rat und Tat oder mit Trost und Ermutigung geholfen. Sei es beim Kampf mit dem Kieferorthopäden um eine Zahnspange, beim ersten Liebeskummer oder der verpatzten Führerscheinprüfung.

Überhaupt hatte ich als Kind immer den Eindruck, dass sie alles regeln kann. Und auch heute noch wundere ich mich oft darüber, wie viel sie schafft und wie mutig und kompetent sie neue Dinge anfasst und erledigt. Dabei überlässt sie nichts dem Zufall. Wenn sie eine Idee hat – und daran mangelt es ihr nie –, dann überlegt und plant sie sehr genau. Ich kann mich nicht erinnern, dass jemals irgendetwas schief gegangen ist, was sie vorbereitet hat.

Aber diese Stärke – so sehe ich es heute – ist auch gleichzeitig ihre Schwäche. Mit ihrer positiven Tat- und Willenskraft steht sie immer in der Gefahr des Perfektionismus. Und wenn etwas nicht hundertprozentig klappt, dann igelt sie sich ein und ist für Hilfsangebote von außen nur schwer zugänglich. Sie will alle Probleme und Schwierigkeiten allein bewältigen, wie sie es von frühester Kindheit an gewohnt war. Das kann dann leicht zu Missverständnissen und Verkrampfungen führen. Und für fremde Menschen wirkt sie dann sehr unnahbar.

So erscheint meine Mutter manchen als eine typische „Macherin", und ich weiß, dass sie mit diesen Eigenschaften nicht nur Freunde gewinnt. Aber das ist nur ein Teil ihrer Persönlichkeit. Wer sie so gut kennt wie ich, der weiß, dass sie neben dieser aktiven, erfolgreichen Außenseite einen sehr weichen, emotionalen Kern hat und vor allem eine große, uneingeschränkte Liebe zu denen, die ihr nahe sind. Auf diese Liebe kann ich als Tochter immer bauen. In dieser Liebe hat sie mich erzogen und begleitet, und dafür bin ich ihr sehr dankbar. Wie oft haben wir schon gemeinsam gelacht und gemeinsam geweint oder uns einfach ohne Worte verstanden.

Und dann hat sie mir noch das Wichtigste im Leben überhaupt mitgegeben und vorgelebt: ihren lebendigen Glauben. Von frühester Kindheit an hat sie uns Kinder mit Liedern und Geschichten aus der Bibel, mit Gebet und Gottesdienstbesuchen in ihre persönliche Beziehung zu Jesus hineingenommen. So habe auch ich ein Urvertrauen nicht nur zu Menschen, sondern zu Gott erlebt und gelernt. Auch ihre ethischen Maßstäbe und Werte hat sie klar und kompromisslos vermittelt, und obwohl ich als Jugendliche mit meinen Altersgenossen so manche harte Auseinandersetzung hatte um das, was erlaubt ist und was nicht, bin ich ihr heute dafür sehr dankbar. Und wenn ich – wie vor kurzem geschehen – mit ihr zusammen ein Schweige-Wochenende in einem Kloster verbringe, so ist das ein ganz besonders wertvolles Erlebnis, das uns zutiefst verbindet.

Wenn heute jemand zu mir sagt: „Du bist wie deine Mutter", dann ist das nicht schrecklich für mich, so wie es manche Töchter empfinden. Obwohl wir uns äußerlich nicht sehr ähnlich sind, freue ich mich über die positiven Eigenschaften, die sie mir mitgegeben hat. Ich möchte die große Liebe, die ich von ihr erfahren habe, weitergeben. Ich möchte für meinen Mann und meine Kinder und andere Menschen genauso da sein, wie ich es bei ihr erlebt habe. Ich würde auch gern geistig genauso fit und agil bleiben und so wie sie nie aufhören, mutig neue Herausforderungen anzunehmen. Allerdings will ich mehr auf mich selber und meine Bedürfnisse achten, als sie das jahrelang getan hat. Zwar habe ich sie dafür oft bewundert, aber ich weiß auch, dass sie einen hohen Preis dafür bezahlt hat. Und ich wünsche ihr mehr Gelassenheit und Zeit für alles, was für sie persönlich zu kurz gekommen ist

E., 30 Jahre

3. Vielleicht ist Veränderung doch möglich

Gerade komme ich von einem Besuch bei meinen Eltern zurück, und ich kann es noch gar nicht fassen, wie nett und harmonisch es diesmal war. Wir haben uns angeregt unterhalten und dabei in allen Punkten gut verstanden. Alles war schön und wunderbar, auch die Geschenke, die ich mitgebracht hatte. Also eine rundum angenehme Begegnung.

Ich bin – ehrlich gesagt – etwas verwundert und irritiert, denn sonst sind unsere Besuche alles andere als harmonisch, und ich hatte mich auch diesmal wieder auf ein paar spannungsreiche und anstrengende Stunden eingestellt.

So lange ich denken kann, habe ich mich von meiner Mutter unter Druck gesetzt gefühlt. Ihre Erwartungen an mich konnte ich nie erfüllen, auch wenn ich mich noch so anstrengte. Alles, was ich machte, sagte und lebte, war in ihren Augen falsch oder jedenfalls nicht gut genug.

Dazu muss man wissen, dass meine Mutter auch heute noch mit ihren vierundachtzig Jahren eine sehr gepflegte, elegante Frau ist, die sehr viel Wert auf Äußerlichkeiten legt. Schon als Kind – ich bin die älteste von drei Schwestern – lernte ich, was in den Augen meiner Mutter zählt: Leistung und Erfolg in Schule und Beruf. Und das muss dann auch äußerlich sichtbar werden in Kleidung, Schmuck, Haus und Auto und einem Lebensstil mit gesellschaftlichen Höhepunkten und teuren Reisen. Schon früh war mir dies alles eher nebensächlich oder gar zuwider. Zwar bin ich auf den Wunsch meiner Eltern hin Lehrerin geworden, aber all die anderen Statussymbole des Erfolgs habe ich eher abgelehnt und sie auch nie erreicht. Das macht mich in den Augen meiner Mutter zu einer Versagerin.

Ganz besonders schlimm aber war für mich ihre Reaktion auf das Scheitern meiner Ehe. Nicht nur meine eigene Not, meine Verzweiflung und Hilflosigkeit allein mit zwei kleinen Kindern hat mir diese Zeit damals so schwer gemacht, sondern die Haltung meiner Mutter hat mich zutiefst verletzt. Für sie – die selbst übrigens keine glückliche Ehe führte – war der Zerbruch meiner Ehe einfach eine Art Misserfolg, der in das Bild eines äußerlich perfekten Lebens nicht hineinpasste. Nicht ein einziges Mal hat sie in der schlimmen Zeit das Gespräch mit mir gesucht oder gar mir gut zugeredet und geholfen. Stattdessen hat sie die „peinliche Angelegenheit" verdrängt und mir dabei das Gefühl vermittelt, wieder mal versagt zu haben. In einer Zeit, wo ich so dringend Zuspruch und Liebe gebraucht hätte, konnte ich mit meiner Mutter nicht rechnen.

Bis heute, fast fünfzehn Jahre nach der Scheidung, haben wir nicht offen darüber gesprochen. Kein einziges Mal hat sie mich in den Arm genommen und getröstet – so wie ich mich überhaupt in meinem ganzen Leben nicht daran erinnern kann, von ihr bedingungslos geliebt worden zu sein. Schon als Kind habe ich alle emotionale Wärme und Liebe von meinen Großeltern erfahren, bei denen ich so viel Zeit verbrachte wie eben möglich und wo es jedes Mal Tränen gab, wenn ich wieder nach Hause musste.

Heute bin ich manchmal erschrocken, wenn ich bei mir selbst feststelle, wie wichtig mir gute Leistungen sind. Und ich nehme mich da ganz bewusst sehr zurück und verlange von meinen Söhnen und Schülern nie mehr, als sie wirklich leisten können. Ich will nicht in das Lebensmuster meiner Mutter fallen und alles nach Äußerlichkeiten bewerten, weil ich weiß, wie es ist, dauernd unter Erfolgszwang zu stehen. Ich habe ja selbst so sehr unter dieser Einstellung gelitten.

Ich bin dankbar und froh, dass ich durch meine Hinwendung zum Glauben ein neues Lebensziel gefunden habe und mich in Jesus geborgen und von ihm geliebt und getröstet weiß.

Und wenn ich an das letzte Treffen mit meiner Mutter denke, so muss ich verwundert feststellen, dass vielleicht doch noch Veränderung möglich ist, auch wenn ich das gar nicht mehr erwartet habe.

I., 53 Jahre

4. Wir bildeten eine Art Festung

Es ist ein kalter, regnerischer Novembertag in Norddeutschland: Volkstrauertag. Ich bin zehn Jahre alt und fürchte diesen Tag. Zusammen mit meiner Mutter besuche ich nämlich eine Gedenkstätte für die Opfer des Krieges. Ein jährlich wiederkehrendes Ritual, das mich mit tiefer Traurigkeit erfüllt. Doch ich will diese Trauer aushalten. Selbst als meine Mutter den Veranstaltungen fern bleibt, weil sie es nicht mehr ertragen kann, gehe ich weiter dorthin. Ich möchte das Andenken an meinen Vater aufrecht halten.

Mein Vater ist im Krieg gefallen, als ich gerade erst drei Jahre alt war. Doch durch die Erzählungen meiner Mutter habe ich heute noch eine detaillierte und lebendige Vorstellung von meinem Vater, obwohl ich ihn nie persönlich kennen gelernt habe. Nach dem schmerzlichen Verlust des geliebten Mannes und der Vertreibung aus der Heimat war ich das Einzige, was meiner Mutter geblieben war. Und so bildete ich den Mittelpunkt ihres Lebens. Alle ihre Liebe und Fürsorge bezog sich ausschließlich auf mich. Da ich ein niedliches, begabtes kleines Mädchen war, war es für sie auch nicht schwer, mich ins rechte Licht zu setzen. So hübsch herausgeputzt, wie es die damaligen Verhältnisse zuließen, sagte ich mühelos bei Familienfeiern und anderen Festen lange Gedichte auf und wurde zum Vorzeigekind in der Verwandtschaft und im ganzen Dorf. Sehr zum Wohlgefallen meiner Mutter, deren ganzen Lebensinhalt ich darstellte. Wir waren beide fest miteinander verbunden und aufeinander fixiert in Liebe, Fürsorge und Erfolg. Ich wusste mich behütet und fühlte mich sicher und geborgen bei ihr und lieferte dafür Dankbarkeit in Wohlverhalten und besonderen Leistungen. Dabei wachte ich meinerseits allerdings auch sorgfältig darüber, dass unsere ungetrübte Zweisamkeit nicht etwa durch Eindringlinge, besonders fremde Männer, gestört wurde. Auf diese Weise verhinderte ich mit meiner Eifersucht jede neue Freundschaft meiner Mutter. Wir bildeten ein gut funktionierendes, geschlossenes System, eine Art Festung gegen die Wechselfälle des Lebens, das in der Nachkriegszeit nicht immer leicht für uns war.

Mir machte das Lernen viel Spaß, und ich wurde mit dem entsprechende Erfolg in der Schule belohnt. Das freute mich und natürlich ganz besonders meine Mutter. Jede gute Zensur, die ich erhielt, war für sie wie ein selbst geernteter Erfolg. Voller Stolz registrierte sie meine Leistungen und war immer über alles, was ich machte, bestens informiert. Sie opferte sich auf und stellte alle eigenen Bedürfnisse zurück, nur um meinem Erfolg nicht im Wege zu stehen. Nichts und niemand war in ihren Augen gut genug für mich.

Allmählich brachte mich diese Haltung meiner Mutter in eine Konfliktsituation zu meinen Altersgenossen in

Nachbarschaft und Verwandtschaft, denn meine Erfolge und mein Wohlverhalten sonderten mich von ihnen ab. Sie provozierten Neid und Missgunst und machten mich ein Stück weit einsam.

Als ich zum Beispiel mit fünfzehn Jahren einmal etwas verspätet von einem Strandfest nach Hause kam, war sie so böse, dass sie mich schlug, was sonst eigentlich nie vorkam. Es war wohl auch weniger die Verspätung, die sie so zornig machte, sondern vielmehr der Freund, der mich begleitet hatte und den sie nicht mochte. Alle meine Freunde wurden von ihr emotional als geeignet oder ungeeignet eingestuft. Und im Ende kam dabei heraus, dass eigentlich keiner gut genug für mich war.

Während der Schulzeit konnte ich mich der Kontrolle und dem Erwartungsdruck meiner Mutter nicht entziehen. So war es für mich ein Glück, dass ich die begrenzte Welt des Dorfes und der nahen Kleinstadt verlassen musste, um ins Studium zu gehen. Es war ein gewisser Konflikt für meine Mutter. Doch das Studium gehörte zum Erfolg, die Trennung war also unvermeidbar.

Erst in dieser Zeit der räumlichen Trennung habe ich zum ersten Mal auch zu einer gewissen emotionalen Distanz zu meiner Mutter gefunden. Sie selbst hat diese Distanz allerdings nie richtig akzeptiert und gelebt, auch später nicht, als ich schon längst verheiratet und selbst Mutter war.

Da gab es so manche spannungsreiche Situation in meiner jungen Ehe, wenn meine Mutter sich ungefragt einmischte und mit ihrer festgelegten Meinung bei Entscheidungen mitbestimmen wollte. Und für mich war es nicht leicht, mich durchzusetzen und ganz deutlich gegen sie Stellung zu beziehen. Auch die lange Zeit ihrer Krankheit hat mich unendlich viel Kraft gekostet, weil ich ständig hin- und her gerissen war zwischen der Sorge um sie und der Fürsorge für meine Familie.

Meine Mutter glaubte an mich und setzte so Kräfte in mir frei, vieles zu schaffen, was ich mir selbst nicht zugetraut hätte.

Ich bin meiner Mutter dankbar für alle Liebe und Fürsorge, auch für das grenzenlose Vertrauen in mich und meine Fähigkeiten. Sie glaubte an mich und setzte so Kräfte in mir frei, vieles zu schaffen, was ich mir selbst nicht zugetraut hätte. Aber ich bin ihren Erwartungsdruck nie losgeworden, weil ich mich immer verpflichtet fühlte, sie nicht zu enttäuschen.

Selbst heute noch erkenne ich Eigenschaften meiner Mutter in mir, die sie von frühester Kindheit an in mir verstärkt hat und über die ich nicht immer froh bin. Auch ich neige dazu, mich einzumischen, wenn ich glaube, etwas gut zu wissen oder zu können. Ich bilde mir schnell ein Urteil über geeignete und ungeeignete Dinge und Menschen. Aber ich versuche, mich zurückzunehmen und keinen Erwartungsdruck oder gar Erfolgszwang auf andere Menschen auszuüben. Ich möchte die Liebe und Fürsorge, die ich von ihr erhalten habe, an die Menschen weitergeben, die mir anvertraut sind. Und dabei will ich keine Dankbarkeit einfordern und über Undank nicht so enttäuscht sein. Ob mir dies immer gelingt, weiß ich nicht.

R., 62 Jahre

5. Sie hat meinen Mann immer abgelehnt

An die Situation erinnere ich mich noch ganz genau, obwohl es nun schon viele Jahre her ist. Wir saßen in unserer Küche, meine Mutter am Tisch und ich auf der

Heizung, und ich sagte ganz ruhig und bewusst zu ihr: „Wenn du noch einmal etwas gegen meinen Mann sagst, dann packe ich sofort deinen Koffer und bringe dich zum Bahnhof. Hier in meinem Haus wirst du nie wieder meinen Mann schlecht machen."

Meine Mutter war wieder einmal für ein paar Wochen bei uns zu Besuch, und wie schon so oft hatte sie gerade wieder alles aufgezählt, was ihr an meinem Mann nicht gefiel. Alles, was er machte und wie er war, war in ihren Augen falsch und schlecht. Er konnte tun, was er wollte – nichts war ihr recht. Eigentlich hatte sie ihn von Anfang an abgelehnt, weil er ihrer Ansicht nach nicht gut genug für mich und unsere Familie war. Inzwischen hatte sie mich mit ihren ständigen, jahrelangen Nörgeleien und negativen Bemerkungen in einen unerträglichen Konflikt gebracht.

Als sehr selbstbewusste, dominante Persönlichkeit hatte sie es schon immer geschafft, mich unter Druck zu setzen. Sie hat ihren Willen so streng und unnachgiebig durchgesetzt, dass ich mich als Mädchen schon mit sechzehn Jahren von zu Hause weg wünschte und froh war, als ich für eine Ausbildung der Enge meines Elternhauses entfliehen konnte. Als Pastorenwitwe hatte meine Mutter mich in einem christlichen Glauben erzogen, in dem Wohlanständigkeit, Moral und die Meinung der Leute eine wichtige Rolle spielten. Sie sorgte immer dafür, dass die Fassade stimmte, und entsprechend musste ich mich ihrem Willen beugen, solange ich noch zu Hause war. Dass ich meine Verlobung mit ihrem Wunschschwiegersohn löste und meinen jetzigen Mann heiratete, hat sie mir nie verziehen. Jedenfalls musste ich mir nun seit Jahren ihre Vorwürfe gegen meinen Mann anhören. Was sie an ihm auszusetzen hatte, sagte sie ihm allerdings nicht persönlich, sondern nur, wenn wir beiden allein waren.

Lange Zeit habe ich ihre negativen Reden ertragen und die offene Konfrontation vermieden. Wir wohnten ja zum Glück weit voneinander entfernt, und ich dachte, die Besuche könnte ich wohl überstehen. Bis ich eines Tages merkte, dass ihre ständigen Beschuldigungen auch bei mir ihre Wirkung nicht verfehlten. Wenn sie zwei Wochen bei uns gewesen war, fing auch ich allmählich an, meinen Mann kritischer als sonst zu betrachten. Wir lebten in einer harmonischen, glücklichen Ehe und verstanden uns sehr gut. Wir führten viele Gespräche über das Problem mit meiner Mutter, und mein Mann half mir in diesem Konflikt, so gut er konnte und ohne mich unter Druck zu setzen. Mir selbst wurde allerdings immer deutlicher, dass ich eine Entscheidung treffen und mich von der unguten Bindung an meine Mutter endgültig frei machen musste.

Durch die Arbeit in einer christlichen Therapiegruppe lernte ich, dass man auch als Christ offen streiten darf und dass es kein Zeichen des Glaubens ist, alles geduldig zu ertragen. Man darf auch einer Mutter widersprechen und sie in ihre Schranken weisen, ohne dabei das vierte Gebot zu übertreten.

So fand ich nach langen Jahren der unerträglichen Spannung den Mut zum offenen Widerstand. Mir war klar, dass dies einen endgültigen Bruch bedeuten könnte. Aber ich war entschlossen, und – so stelle ich heute manchmal schmunzelnd fest – mein fester Wille, den ich wahrscheinlich von ihr habe, half mir, klar meine Meinung zu sagen und dabei zu bleiben.

Heute ist meine Mutter 94 Jahre alt und lebt in einem Seniorenheim in einer entfernten Stadt. Für Menschen, die sie nur flüchtig kennen, ist sie eine charmante alte Dame und überzeugende Christin. Ihr Wesen und ihre Meinung aber haben sich nicht grundlegend geändert. Doch die

Spannung zwischen uns ist überwunden, und ich habe in meiner Beziehung zu ihr Frieden gefunden. Ich will ihr auch dankbar sein für alles, was sie in guter Absicht für mich getan hat. Unser Verhältnis zueinander ist inzwischen auch so gut, dass ich alle Angelegenheiten für sie gern regele und sie, wenn ich sie von Zeit zu Zeit besuche, auch einmal liebevoll als Tochter in den Arm nehmen kann.

M., 67 Jahre

Aus der Sicht der Tochter

Den Phasen im Leben einer Mutter entsprechen die verschiedenen Lebensabschnitte im Leben einer Tochter. Sie erlebt diese Zeiten jedoch aus einer anderen Sicht. So kann die Beziehung zwischen Mutter und Tochter ganz unterschiedlich bewertet werden. „Meine Tochter und ich, wir verstehen uns prima", sagte eine Mutter im Brustton der Überzeugung. „Ach, so toll ist das nicht mit uns beiden", antwortete besagte Tochter auf meine Frage nach der Beziehung zu ihrer Mutter.

Beide haben sicherlich die Wahrheit gesagt, bloß diese Wahrheit wird aus der jeweiligen persönlichen Sicht subjektiv unterschiedlich wahrgenommen. Was die eine als schlimm empfindet, ist für die andere vielleicht gar nicht der Rede wert. Auch das Lebensalter und das Erinnerungsvermögen spielen dabei eine Rolle. So werden bei manchen die Erlebnisse der Vergangenheit im Nachhinein immer positiver, während andere sich besonders nach schmerzlichen, negativen Erfahrungen immer mehr verhärten und diese in ihren Gedanken und Erzählungen schlechter darstellen, als sie in Wirklichkeit waren.

Im Folgenden soll auf einige Punkte eingegangen werden, die in den verschiedenen Lebensphasen einer Tochter für das Mutter-Tochter-Verhältnis typisch sind. Sie werden aus der subjektiven Sicht der Tochter gesehen, damit das gesamte Bild vielschichtiger und dadurch auch wahrheitsgemäßer wird.

1. Das Kleinkind: Die hilflose Abhängigkeit

Ein neugeborenes Kind ist kein Nestflüchter. Es kann nicht wie ein kleines Entenküken sofort loslaufen und schwimmen oder wie ein Kälbchen gleich aufstehen und umhergehen. Es ist eher wie eine neugeborene Maus, nackt und hilflos und nur mit einigen Instinkten ausgestattet, wie dem Saug- und Klammerreflex, die zum unmittelbaren Überleben wichtig sind. Allein gelassen müsste so ein kleines Lebewesen innerhalb kurzer Zeit sterben. Es ist abhängig von der Fürsorge der Eltern. Und im Normalfall übernehmen die Eltern und ganz besonders die Mütter automatisch diese Fürsorgerolle und laufen vor der Verantwortung nicht weg.

So ist das auch mit unserem menschlichen Leben. Es beginnt in der totalen Hilflosigkeit und Abhängigkeit. Und dabei mögen wir als Menschen den Begriff Abhängigkeit und vor allem den Zustand des Abhängigseins, den er beschreibt, eigentlich gar nicht so gern. Er hat einen negativen Beigeschmack und scheint uns das genaue Gegenteil dessen, was wir eigentlich gerne sein wollen: frei, ungezwungen, unabhängig.

Bei genauerem Betrachten wird aber ziemlich schnell klar, dass es diesen Zustand des totalen Unabhängigseins in der menschlichen Gemeinschaft nicht gibt und dass er auch gar nicht so toll ist.

Wir werden hineingeboren in eine Familie, mit ihrem ganzen sozialen und kulturellen Hintergrund. Wir werden als erstes, letztes oder einzelnes Kind geboren. Stehen in einer Geschwisterreihe zwischen Brüdern oder Schwestern. Wir sind geplant und erwünscht oder auch nicht. Wir können uns unsere Eltern nicht aussuchen, und umgekehrt können auch sie sich ihre Kinder nicht auswählen. Wie in einer Schicksalsgemeinschaft müssen sich beide so nehmen, wie sie sind.

Aus der Sicht des Kindes ist das Abhängigkeits- und Unterlegenheitsgefühl allerdings viel deutlicher und sichtbarer. Das liegt daran, dass das Kind sowohl körperlich als auch seelisch-geistig eben einfach kleiner, schwächer und unerfahrener ist. Der Vorsprung, den die Eltern durch ihr Alter und ihre Erfahrung haben, wird auch so schnell nicht aufzuholen sein. Und er ist gut und wichtig, wenn er nämlich dazu dient, das Kind zu ernähren und zu beschützen und es mit allem zu versorgen, was es braucht, damit es schrittweise die eigenen Erfahrungen sammeln kann. Insofern ist die Abhängigkeit ein ganz natürlicher, vorübergehender Zustand. Sie ist nur dann schlimm, wenn das Abhängigsein wie ein Ausgeliefertsein empfunden wird. Schon ein ganz kleines Kind kann spüren, ob es ohnmächtig ausgeliefert ist oder ob es Schutz und Geborgenheit erfährt.

Wir werden hineingeboren in eine Familie, mit ihrem ganzen sozialen und kulturellen Hintergrund.

Die bewusste Erinnerung des Menschen geht ja nur etwa bis ins dritte Lebensjahr zurück. Aber auch alles, was ein Mensch vorher erlebt hat, ist für die weitere Entwicklung wichtig und kann entsprechende positive oder negative Auswirkungen im späteren Leben haben. Es hängt so viel von den Startbedingungen ab. So ist bekannt, dass Babys, die wenig Zuwendung erfahren, sich schlechter entwickeln als solche, die viel emotionale Nähe erleben.

2. Das Mädchen: Die grenzenlose Bewunderung

Nach der Phase der totalen Abhängigkeit folgt bei den meisten kleinen Mädchen die Zeit der Nachahmung und grenzenlosen Bewunderung für die Mutter. Sie wird zum Maßstab für das eigene Leben. Als ich einmal vor dem Spiegel stand und mich schminkte, stand meine kleine Tochter neben mir. Bewundernd sah sie zu mir hoch und seufzte: „Ach, ich möchte auch so ein schönes Mondgesicht haben wie du, Mama!"

Da die Mutter für das kleine Kind die wichtigste und allgegenwärtige Bezugsperson ist, verwundert es nicht, dass sie automatisch zum Vorbild wird. So guckt das kleine Mädchen Fähigkeiten, Fertigkeiten und Verhaltensweisen von der Mutter ab. Und es übernimmt gutes und schlechtes Verhalten ohne Unterschied. Es lernt, wie man mit Tränen oder Schreien seinen Willen durchsetzt, ebenso wie Freundlichkeit und Geduld beim Spielen oder strenge und milde Worte in der Erziehung. Es lernt auch, wie die Mutter mit anderen Menschen umgeht, mit ihrem Mann, den Geschwistern, Fremden und Freunden. Das ganze Leben der Mutter liegt sozusagen wie auf einem Präsentierteller vor den aufmerksamen Augen der Tochter. Jemand sagte einmal: „Du brauchst keine schlauen Bücher und nicht viele Worte für die Erziehung deiner Kinder. Sie machen sowieso alles nach, was du ihnen vormachst."

3. Der Teenager: Die schmerzhafte Abnabelung

Der Phase des Loslassens im Leben der Mutter entspricht die Phase der Abnabelung im Leben der Tochter. Wenn bisher das gemeinsame Leben noch in einigermaßen ruhigen Bahnen verlief, so gerät es nun in ein bewegteres Fahrwasser. Die Zeit der heranwachsenden Tochter bringt nämlich unweigerlich Probleme, Auseinandersetzungen und manchmal auch wirklich schmerzhafte Zerwürfnisse.

In dieser Zeit beginnt die Tochter, die Mutter mit anderen Augen zu sehen. Sie identifiziert sich nicht mehr unbedingt mit ihr. Sie kennt in ihren Freundinnen andere Töchter und beobachtet andere Mütter. Sie beginnt zu vergleichen und zu beurteilen. Das hat automatisch zur Folge, dass nicht mehr alles genauso bewertet wird, wie es die Mutter tut.

Stiller oder lautstarker Protest

Und nicht nur in den Ansichten gibt es Differenzen, sondern auch im Lebensstil und Verhalten.

Das Mädchen will plötzlich nicht mehr die Sachen anziehen, die die Mutter ausgesucht hat. Es will nicht mehr mit den Kindern spielen, die der Mutter gefallen. Es will nicht mehr zu Omas Geburtstag Flöte spielen, nicht mehr die Haare kurz tragen, nicht mehr für die Schule lernen usw. usw. Dafür will die Tochter nun natürlich viele andere Dinge haben und tun, die die Mutter gar nicht gut findet. Sie richtet sich nach den Maßstäben der anderen Jugendlichen und testet die Grenzen aus, die ihr die Mutter bislang gesetzt hat. Dass es dabei zu Grenzüberschreitungen kommt, ist unvermeidbar. Und bis die Tochter ihren eigenen Stil gefunden hat, vergeht eine spannungsreiche Zeit.

Egal, wie der Prozess der Abnabelung geschieht – eins ist wichtig: Dass er geschieht.

Bei manchen kommt es in dieser Phase zu offenen, lautstarken Auseinandersetzungen mit viel Tränen und Geschrei. Bei anderen läuft dieser Prozess eher leise ab. Es ist wie ein gewaltloser Widerstand mit Trotz, Schweigen und tagelangem Beleidigtsein. Bei wieder anderen kann er so unbemerkt verlaufen, dass die Mutter erst nach Jahren feststellt, dass die stille, pflegeleichte Tochter damals, als alle anderen so schwierig waren, am Ende doch alles so gemacht hat, wie sie – die Tochter – es wollte. Sie hat es nur diplomatisch und ohne offenen Konflikt durchgesetzt.

Egal, wie der Prozess der Abnabelung geschieht, ob auf diese, jene oder noch eine andere Weise – eins ist wichtig, nämlich *dass* er geschieht.

Natürlich sind Mütter mit ihrem angeborenen Harmoniebedürfnis froh, wenn alles reibungslos und möglichst ohne große Konflikte und nervenaufreibende Streitereien verläuft. Aber das ist klar: Wenn sich die Tochter in dieser Zeit der Abnabelung nicht bewusst von der Mutter trennt, wird es später immer schwieriger. Und wenn der Zeitpunkt verpasst wird, ist es vielleicht später ganz unmöglich, eine eigene Persönlichkeit in Übereinstimmung und Abgrenzung zu entwickeln.

So komisch es klingen mag – Mütter können ruhig froh sein, wenn in dieser Zeit die Fetzen fliegen und böse Worte fallen. Jetzt sind es nämlich noch nicht die letzten Worte, sondern sie gehören zur Persönlichkeitsfindung dazu.

Verantwortung der Mütter

Neben diesen normalen Ablösungsprozessen in der Jugendzeit der Mädchen gibt es jedoch auch die Fälle, wo heranwachsende Töchter durch das Verhalten ihrer Mütter regelrecht körperlichen und seelischen Schaden erleiden. Dies sind leider keine Einzelfälle. Durch zu viel Kontrolle und Ehrgeiz ebenso wie durch zu wenig Aufmerksamkeit und Zuwendung wird bei Mädchen viel Schaden angerichtet.

Den großen Komplex der Essstörungen möchte ich hier nur nennen. Dies ist ein Extrathema, für das eine längere, fachlich kompetente Ausführung nötig wäre. Aber ein weiterer Punkt, der mir in meiner Arbeit als Lehrerin immer häufiger begegnet, soll hier erwähnt werden.

„Ich weiß nicht, wer mein Zeugnis unterschreiben soll", sagt Tanja ganz leise und ohne mich anzusehen. Das Zeugnis in der Hand zittert ein wenig, und ich spüre gleich, dass es hier um mehr geht als ein organisatorisches Problem. Und so ist es auch. Eine erschreckende Geschichte kommt zutage. Tanjas Mutter ist ausgewandert – nein, *nicht verreist* –, *ausgewandert*, nach Australien, dem neuen Lebensgefährten gefolgt. Sie hat alle Brücken hinter sich abgebrochen, um ein neues Leben in einer neuen Welt mit einem neuen Partner zu beginnen – ohne die Tochter. Sie hat einige wertvolle Möbel mitgenommen und die Miete für einen Monat im Voraus bezahlt. „Jetzt ist dein Vater dran", sagt sie zu der fünfzehnjährigen Tochter, „ich habe lange genug meine Freiheit eingebüßt."

So weit Tanjas Geschichte. Sie ist kein besonders trauriger Einzelfall, sondern steht in einem Zusammenhang und ist typisch für eine Entwicklung, deren alarmierende Auswirkungen ich mit wachsender Sorge beobachte.

Ich bin nun seit dreißig Jahren als Lehrerin in einer Kleinstadt tätig und werde zunehmend mit solchen Fällen konfrontiert, wo heranwachsende Mädchen in den Konflikt zwischen ihrer Mutter und deren neuem Lebenspartner geraten. Da ist Christina, die in den Augen der Mutter zur Rivalin wird und deshalb ausziehen muss. Da ist Katharina, deren Mutter nur auf den Schulabschluss wartet, damit die Tochter das Haus verlässt und Platz macht für den Zweitmann, der dies zur Bedingung gemacht hat. Da ist Melanie, die in eine weit entfernte Disko geht, um sicher zu sein, dass sie nicht ihre Mutter trifft. Da ist Lisa, die schon drei „neue Väter“ erlebt und dabei nur überlebt hat, weil sie sich so unscheinbar wie möglich macht.

Viele Gespräche haben mir vor Augen geführt, in welch schwierige, ja schier ausweglose Lage junge Mädchen gebracht werden. In einem Alter, in dem sie selbst Vorbilder brauchen und Maßstäbe zur Konfliktbewältigung lernen sollten, werden sie von ihren Müttern mit deren ungelösten Konflikten belastet. Da will dann eine Mutter, die sich als Freundin ihrer Tochter versteht, mit ihrer Tochter „von Frau zu Frau“ reden. Partnerprobleme bis hin zu intimen Geschichten werden mit Töchtern besprochen, und diese sollen Verständnis aufbringen, obwohl sie damit total überfordert sind.

„Meine Mutter kann nicht schreiben, weil sie ein Baby erwartet“, entschuldigt Tanja ihre Mutter einige Wochen nach der Zeugnisgeschichte auf meine Frage nach dem Kontakt zur Tochter. „Das müssen Sie verstehen, meine Mutter will ja auch etwas vom Leben haben“, fügt sie mit unglücklichem Lächeln hinzu und zahlt den Preis für das vermeintliche Glück der Mutter.

So kann es gehen, wenn Mütter sich bedenkenlos

nehmen, was ihnen vom Leben angeblich zusteht. Auf der Strecke bleiben die Kinder, Töchter ohne Vorbilder, allein gelassen, an der verletzlichsten Stelle ihrer Seele getroffen, der Liebe zu ihren Müttern.

4. Die erwachsene Frau: Die gewonnene Selbständigkeit

„Erst als ich von zu Hause weg war und in einer anderen Stadt zweihundert Kilometer entfernt eine eigene kleine Wohnung hatte, fing ich an, wirklich selbständig zu werden. Ich hatte diesen neuen Anfang gewollt und mich darauf gefreut. Aber ich hatte auch Angst davor. Und ich erinnere mich noch genau, wie ich mit beklommenen Gefühlen hinter meinen Eltern her schaute, als sie zurück in meine Heimatstadt fuhren. Sie hatten mir noch beim Umzug geholfen. Aber nun saß ich allein in der neuen Wohnung, in der neuen Stadt, wo ich keinen kannte und für mich ein ganz neuer Lebensabschnitt beginnen sollte. Morgen würde ich allein am Frühstückstisch sitzen und meine neuen Aufgaben ganz ohne fremde Hilfe in Angriff nehmen müssen." Das erzählte mir eine junge Frau in der Erinnerung an den Beginn ihres Studiums und den Anfang ihres selbständigen Lebens.

Dies ist eine Erfahrung, die wohl viele junge Frauen machen oder wenigstens machen sollten. Dabei ist klar, dass das Erlebnis der räumlichen Trennung nicht nur positive Seiten hat, sondern auch mit manchen Unsicherheiten und Ängsten verbunden ist. So wie jede einschneidende Veränderung auf der einen Seite die Chance des Neuanfangs enthält, so ist damit andererseits auch der Schmerz des Abschieds verbunden.

Für Töchter ist es besonders wichtig, diesen Schritt der Trennung nicht nur äußerlich, sondern ganz bewusst auch innerlich zu vollziehen. Wenn eine räumliche Trennung nur dazu führt, dass die Tochter täglich zu Hause anruft und über alles Bericht erstattet, was sie erlebt, oder wenn sie in allen Entscheidungen den Rat der Mutter einholt, dann ist noch nicht viel gewonnen.

Für Töchter ist es besonders wichtig, diesen Schritt der Trennung nicht nur äußerlich, sondern ganz bewusst auch innerlich zu vollziehen.

Ich habe an anderer Stelle die Wichtigkeit des Loslassens beschrieben. Dabei handelte es sich um das Loslassen der Mütter. Aber es bezieht sich ebenso auf die erwachsenen Töchter, wenn sie sich nämlich an die Mütter klammern und ohne ihren Schutz und ihre Hilfe nicht meinen auszukommen. Loslassen bedeutet mehr als nur räumliche Trennung. Loslassen bedeutet für die Tochter, die Chance zum eigenen Leben zu nutzen, mit allen Vor- und Nachteilen, die das mit sich bringt. Für manche wohl behütete Tochter ist das eine große Herausforderung und mit vielen Ablösungsängsten verbunden. Die meisten nehmen die Chance aber gern und voller positiver Erwartungen wahr. Das ist besonders dann der Fall, wenn der Prozess des Loslassens und der Eigenständigkeit schon über einen längeren Zeitraum allmählich eingeübt wurde.

Selbständigkeit ergibt sich nicht von allein. Man muss sie wollen und gezielt einüben, und das ist eine Aufgabe für Mütter und Töchter, die schon früh beginnt und schrittweise erledigt werden muss. Dabei ist dann eine räumliche Trennung nur ein Punkt in einer langen Linie.

Die gewonnene Selbständigkeit leitet in der Beziehung zwischen Mutter und Tochter eine neue Phase ein. Sie können sich nun allmählich von Gleich zu Gleich begegnen. Sie können Erfahrungen austauschen, die beide zu verschiedenen Zeiten gemacht haben, und so werden sie mehr und mehr zu gleichberechtigten Partnerinnen. „Wir haben oft zusammengesessen und uns von den Erlebnissen aus unserer Studienzeit erzählt. Da gab es viele Unterschiede, schließlich liegen ja fast dreißig Jahre dazwischen. Aber es gab auch viel Gemeinsames und viel zu staunen und zu vergleichen, zu bedauern und zu bewundern“, berichten Mutter und Tochter. Wichtig ist dabei natürlich, dass Mütter sich mit dem Bewerten möglichst zurückhalten. Wenn das Vergleichen nämlich dazu führt, die neuen Erfahrungen der Tochter schlecht zu machen im Vergleich zu den eigenen in der Erinnerung glorifizierten Erlebnissen, so ist das schädlich für die Beziehung zur Tochter.

Es ist auch nicht gut, wenn eine Mutter sich zu sehr ins Leben der Tochter hineindrängt, sozusagen alles noch einmal miterleben oder das nachholen möchte, was sie selbst versäumt hat. Es ist eine feine Gratwanderung und nicht leicht, immer das rechte Maß zwischen ehrlichem Interesse und egoistischer Neugier zu finden.

Da liegt es an der Tochter, auch einmal scharfe Grenzen zu setzen und der Mutter einen Einblick nicht zu erlauben. Wie weit eine Mutter das akzeptiert, das hängt von ihrer Toleranz und davon ab, wie gut das Loslassen der heranwachsenden Tochter geklappt hat.

Besonders deutlich wird es, dass Mutter und Tochter sich in ihren Erfahrungen annähern, wenn die Tochter selbst Mutter wird. Dann wird der Generationenkette ein neues Glied hinzugefügt, und die Beziehung zwischen Mutter und Tochter erreicht eine neue Dimension. Töchter, die selbst Kinder haben, können ihre Mütter in vielen Dingen aus der eigenen Erfahrung nun besser verstehen.

Sie erleben selbst, wie es ist, wenn man sich um ein krankes Kind Sorgen macht, wenn man in der Schulausbildung Entscheidungen treffen muss und Ratschläge für die Berufswahl geben darf. Sie kennen durchwachte Nächte und Ängste jetzt aus dem eigenen Erleben und werden dadurch barmherziger in der Beurteilung der Sorgen, die sich ihre Mutter damals um sie gemacht hat, als sie dies so gar nicht verstehen konnten.

Eine Mutter erzählte dazu folgende Begebenheit: „Vor einiger Zeit kam meine erwachsene Tochter zu Besuch. Mit dem sicheren Instinkt einer Mutter merkte ich gleich, dass etwas Besonderes geschehen war. Es lag so ein merkwürdiges Strahlen in ihren Augen. Und so war es dann auch. Voller Begeisterung erzählte sie mir, dass sie den Mann fürs Leben getroffen habe. Sie war sich ganz sicher. Den und keinen anderen. Meine Freude war zunächst etwas verhalten. Es mussten noch viele Fragen gestellt werden, und meine Begeisterung hielt sich zunächst in Grenzen, sehr zur Enttäuschung meiner Tochter. Und dann geschah etwas Seltsames. Auf einmal tauchte ein Bild aus meiner Erinnerung vor meinem inneren Auge auf. Es lag schon mehr als zwanzig Jahre zurück, aber es stand so deutlich vor mir, als wäre es gestern gewesen. Es zeigte meine Mutter, wie sie verstummte und erblasste, als ich mit eben derselben Nachricht nach Hause kam. Und deutlich erinnere ich mich, wie enttäuscht ich war, dass sie so gar keine Freude zeigte. Nun war ich doch ziemlich erschrocken über die Wiederholung der Situation und am meisten über die Wiederholung der Reaktion."

Wenn eine Tochter ehrlich ist, dann kann sie viele Verhaltensmuster an sich selbst entdecken, die sie schon von ihrer Mutter kennt.

Der ungeliebte Vergleich

„Du bist wie deine Mutter!" Ein bekannter Ausspruch, den die meisten Frauen nicht leiden können, selbst wenn er als Kompliment gemeint ist.

„Dein Tonfall am Telefon, genau wie Oma", sagen zum Beispiel meine Kinder. Oder wenn ich meine Schwester bei einem Besuch zum Essen nötige, stöhnt sie: „Jetzt fängst du auch schon an wie Mutti." Das soll eigentlich gar keine Kritik sein, trotzdem regt es mich auf.

Wie kommt das? Warum hassen wir es, mit unserer Mutter verglichen zu werden? Hat oder hatte sie nur schlechte Seiten? Warum werden denn sogar ihre guten Eigenschaften im Vergleich in unseren Augen negativ?

Aus dem Munde der Geschwister und des Mannes wird dieser Satz übrigens am schärfsten empfunden. Das liegt wohl daran, weil sie uns am besten und längsten kennen und deshalb auch die Übereinstimmungen am deutlichsten erkennen.

Besonders schlimm ist, wenn man es selbst merkt. Da wollte ich bestimmte Dinge doch ganz anders und viel besser machen als meine Mutter, und dann stelle ich auf einmal voller Schrecken fest, dass ich dieselben Fehler mache wie sie. Habe ich denn so vieles gedankenlos einfach so übernommen, auch die Sachen, die mich an ihr immer genervt haben und die ich auf keinen Fall wiederholen wollte?

Dabei ist es einfach nicht zu leugnen: Ich habe von meiner Mutter nicht nur die Hälfte meiner Gene geerbt, sondern ihr auch von klein auf Verhaltensmuster abgeguckt. Eine Frau erzählte: „Neulich musste ich für ein paar Tage ins Krankenhaus. Da war ich sehr froh, dass meine Mutter für diese Zeit zu uns kam, um meinen Mann und die Kinder zu versorgen. Als mein Mann ihr zeigen wollte, wo sie alles Nötige für den Haushalt fand, meinte sie nur ganz trocken: ‚Ach Junge, das brauchst du mir gar nicht zu zeigen, das ist sowieso alles genauso wie bei uns zu Hause.' Und in der Tat – so war es! Angefangen von der Ordnung im Küchenschrank bis zu der Art, wie Taschentücher und Socken zusammengelegt waren."

Ich kann sicher sein, dass ich selbst eine ganz neue Mischung darstelle. Ich bin eine ganz unverwechselbare, einmalige Person.

Das ist doch auch nicht schlimm, wenn eine Tochter von ihrer Mutter lernt. Könnte es sein, dass mich der Vergleich deshalb so trifft, weil ich Angst habe, mich selbst im Alter meiner Mutter zu sehen? Oder weil ich meine, es schränkt meine Selbständigkeit ein, wenn Teile meiner Person auch schon bei meiner Mutter zu finden sind? Es ist verständlich, wenn es die negativen Eigenschaften sind, die zum Vergleich herangezogen werden. Denn die Liebe zur Mutter ist die verletzlichste Stelle der Seele, und deshalb tut Kritik an ihr so weh. Aber die guten Seiten kann ich doch getrost und vielleicht sogar mit Stolz von ihr übernehmen. Und ich kann sicher sein, dass ich selbst eine ganz neue Mischung darstelle, äußerlich und innerlich. Ich bin eine ganz unverwechselbare, einmalige Person, die den Vergleich nicht zu scheuen braucht, wenn ich nur genügend Selbstbewusstsein erlangt habe.

Das erkämpfte Selbstbewusstsein

Wenn eine Mutter es nicht von Anfang an als ihre Aufgabe ansieht, der Tochter zu einem gesunden Selbstbewusstsein zu verhelfen, dann muss die Tochter es sich schließlich selbst erkämpfen. Solch ein Kampf ist keine leichte Sache. Er gehört mit zum Schwersten für eine Tochter überhaupt, kostet viel Kraft und Mut und kann über Jahre dauern.

„Du weißt nicht, wie satt ich dich manchmal habe." – „Ich lass dich nicht gehen, du wirst mich nicht los. Niemals!" Worte einer Tochter und einer Mutter, gehört vor ein paar Wochen in einem Fernsehfilm, einem Psychodrama um Schuld und Sühne in der Beziehung zwischen Mutter und Tochter.

Vor einiger Zeit las ich einen Bericht unter dem Titel: „Ich will von meiner Mutter nichts mehr wissen." Erschütternde Lebensberichte von fünf Frauen zwischen vierundzwanzig und fünfundfünfzig Jahren. Dazu ein Foto mit großen, traurigen, anklagenden Augen.

„Ich habe nie etwas von meiner Mutter bekommen, keine Anerkennung, keine Geborgenheit, keine Ehrlichkeit. Und nun droht sie mir noch mit dem Anwalt, weil sie mir mein Erbteil nicht gönnt." Oder: „Sie verachtet meinen Freund und das Leben, das ich führe. Prestige ist das Einzige, was bei ihr zählt."

Oder: „Ich dachte, ihr Tod sei eine Erlösung für mich, aber nun verfolgt sie mich in meinen Schuldgefühlen mein Leben lang." Drei Beispiele, drei Schicksale von Töchtern, die erschrecken lassen.

Leider gibt es auch das neben all den guten Müttern und denen, die es wenigstens gut meinen: die egoistischen, machtgierigen Mütter, die ihren Töchtern keine Luft zum Atmen lassen, die sie unterdrücken, gängeln, ausnutzen, bei anderen schlecht machen und ihnen vor allem dabei noch ein schlechtes Gewissen machen. Es ist nicht nur ein giftiger Witz, dass so manche Mutter jede Beziehung der

Tochter zu einem Freund oder Partner verhindert, entweder weil ihr kein Schwiegersohn gut genug ist oder weil sie eine Einschränkung ihrer Macht über die Tochter befürchtet.

Wenn das Loslassen von Seiten der Mutter und die Abnabelung durch die Tochter nicht zur rechten Zeit geschieht, kann eine große Abrechnung scheinbar unausweichlich werden.

Dabei ist es kein großer Unterschied, ob diese Abrechnung offen ausgetragen wird oder sich heimlich in Bitterkeit und Kälte ausdrückt. Es muss schon viel Schlimmes passieren, ehe eine erwachsene Tochter zu ihrer Mutter sagt: „Ich will dich nie mehr sehen. Nie mehr!" Und es geschieht auch nur, wenn es ums nackte Überleben geht. Wenn sich die Tochter so in die Enge getrieben fühlt, dass sie förmlich nicht anders kann, als zu diesem letzten Mittel des Befreiungsschlages auszuholen.

Und obwohl es fast wie der einzige Ausweg aussieht, ist es doch keiner. Zwar kann ein klarer Bruch und ein Abstand dazu helfen, dass die Tochter sich wirklich auf die eigenen Beine stellt. Aber eine Lösung auf Dauer ist es nicht. Die Gefahr ist groß, dass die Tochter sich diesen Schritt selber nie vergibt und dann nicht nur die Mutter, sondern auch noch sich selber hasst. Die Auseinandersetzung mit der eigenen Geschichte kann man sich nicht ersparen. Wer seine Wurzeln abschneidet, findet nie zu einer echten Ablösung und Selbständigkeit.

Wenn die Situation ganz verfahren ist, kann eine radikale Trennung auf Zeit eine Hilfe sein. Aber die Tochter sollte einen Zeitraum festlegen, in dem sie die Beziehung ruhen lassen will, um sie mit gehörigem Abstand aufzuarbeiten. Vielleicht muss bei der Aufarbeitung auch fremde Hilfe in Anspruch genommen werden. Denn es ist ein hartes Stück Arbeit. Von allein regeln sich die Dinge meist nicht.

Aber es ist unumgänglich, besonders wenn das Ziel die Versöhnung sein soll. Ohne Versöhnung gibt es keinen inneren Frieden, auch nicht über die Grenze des Todes hinaus.

Die doppelte Herausforderung

Die verschiedenen Anforderungen und Aufgaben im Leben einer Frau bedeuten, dass sie sich in vielen Rollen bewähren muss. Sie muss Freundin, Nachbarin, Kollegin, Chefin, Schwester, Ehefrau sein, und das möglichst alles gleichzeitig. Das ist oft ein ziemlich anstrengender Balanceakt, der nur gelingen kann, wenn Prioritäten gesetzt werden. Alles auf einmal in gleicher Intensität sein ist schier unmöglich.

Die schwierigste Phase scheint dabei die zu sein, wenn eine Frau gleichzeitig Mutter einer noch nicht erwachsenen Tochter und Tochter einer hilfsbedürftigen Mutter ist. In dieser Phase wird eine Frau förmlich zwischen zwei Welten hin und her gerissen.

„Ich habe zurzeit meine einundachtzigjährige Mutter zur Pflege im Haus. Das ist nicht nur anstrengend wegen der damit verbundenen Arbeit, sondern hauptsächlich wegen unserer Beziehung zueinander. Es ist einfach klar: Sie ist die Mutter, ich bin die Tochter. Ich muss mich zum Beispiel bei ihr abmelden, wenn ich weggehe, und sagen, was ich vorhabe.

Gleichzeitig lebt unsere achtzehnjährige Tochter im Haus. Ihre Ansprüche an mich und meine Erwartungen an sie sind denen zwischen meiner Mutter und mir gar nicht so unähnlich, nur, dass sich die Rollen vertauscht haben. So ist es für mich zum Beispiel klar, dass meine Tochter Bescheid sagen muss, wenn sie weggeht. Und ich möchte auch gerne wissen, wohin sie geht und was sie macht.

Mein Leben gleicht zurzeit einem Theaterstück, in dem ich eine Doppelrolle spiele. Bei einem Auftritt bin ich die Tochter, beim nächsten die Mutter. Ich taumele hin und her zwischen gehorchen und befehlen, und vor lauter Anstrengung verwechsele ich auch schon mal die Rollen. Und wenn ich dann mal einen Augenblick zur Besinnung komme, frage ich mich: Wo bleibe ich eigentlich? Ich, ganz persönlich mit *meinem* Leben?“

In dieser Lebensphase wird in der Mutter-Tochter-Beziehung eine neue Stufe erreicht. In der Generationenkette ist dies ein Glied mit doppelter Belastung und einem Zug in zwei Richtungen: zur Mutter nach hinten in die Vergangenheit und zur Tochter nach vorn in die Zukunft. Die endgültige Ablösung, der Abschied von der Mutter ist in sichtbare Nähe gerückt. Gleichzeitig ist der fortschreitende Prozess des Loslassens der Tochter auch ein Abschied. Und Abschied ist ein Stückchen sterben und tut weh.

Viele Frauen erleben diese Zeit als eine ganz besondere Herausforderung. Sie machen sich viele Gedanken über ihre Beziehung zu Tochter und Mutter, die ja täglich auf dem Prüfstand steht. Wichtig ist vor allem, dass sie sich jetzt trotz ihres schon gewonnenen Selbstbewusstseins nicht verlieren und mit ihrem eigenen Leben zwischen die Fronten von Tochter und Mutter geraten. Die Lebensbereiche Ehe, Familie und Beruf dürfen nicht total vernachlässigt werden. Grenzen ziehen, Prioritäten setzen, nein sagen sind Tugenden, die jetzt ganz besonders gepflegt werden sollten. Und das sei zum Trost für alle gesagt, die solch eine Zeit durchleiden: In den meisten Fällen handelt es sich bei dieser Phase um eine relativ kurze Zeit.

Grenzen ziehen, Prioritäten setzen, nein sagen sind Tugenden, die jetzt ganz besonders gepflegt werden sollten.

Außerdem machen viele Frauen in dieser Phase auch eine beglückende Erfahrung. Sie können ihren Müttern etwas von dem zurückgeben, was sie als Kinder oder junge Mütter selbst erfahren haben. Und da ist kein Liebesdienst umsonst oder zu viel. Ich habe noch nie gehört, dass Töchter es bedauert haben, was sie ihren Müttern im Alter an Gutem getan haben. Im Gegenteil, meistens bedauert man, was man alles versäumt hat und noch hätte tun können.

Und ganz nebenbei – die jungen Töchter der nächsten Generation beobachten genau, wie ihre Mütter mit ihren Großmüttern umgehen. Vielleicht lernen sie dabei ja auch Maßstäbe, die in späterer Zeit für die Mütter einmal wichtig sein könnten.

Leben und leben lassen

1. Die realistische Einschätzung

So bunt und vielfältig, wie das Leben ist, so unterschiedlich sind auch die Erfahrungen, die Mütter mit ihren Töchtern und Töchter mit ihren Müttern machen. Da sind die wunderbaren gemeinsamen Erlebnisse, da ist das tiefe Verstehen und Füreinander-da-Sein ebenso wie die Enttäuschungen, die Gefühle des Verlassenseins und nicht Verstanden-Werdens.

Das Bild von Müttern, die alles können, sich aufopfern und alles möglich machen, um glückliche, selbständige Kinder zu haben, bringt eine Mutter unter einen unerträglichen Erwartungsdruck. Wenn sie in diesem Bild gefangen ist, wird sie jeden kleinen Misserfolg wie ein schlimmes Versagen empfinden. Der Alltag bringt viele solche Situationen, wo sie die Anforderungen, die an die ideale Mutter gestellt werden, nicht erfüllen kann. Wenn sie dazu dann noch in einem Zeitschriftenartikel liest, dass Mütter kindersüchtig, klammernd, lebensneidisch, dominant, überfürsorglich und aggressiv sind, dann steht am Ende womöglich die Bilanz: Ich bin eine schlechte Mutter.

Weder Mutter noch Tochter müssen so sein, wie es der Idealvorstellung entspricht.

Ebenso ist es mit dem Idealbild der Tochter. Sie ist erfolgreich und angepasst und gibt ihr Bestes, um die Erwartungen ihrer Mutter zu erfüllen. Sie strengt sich in Schule und Beruf an und versucht, selbst noch den Partner nach den Vorstellungen der Mutter auszuwählen. Und dann gelingt es manchmal nicht so wie gewünscht und erwartet. „Wie kannst du mir das antun?“, kommentierte eine Mutter die nicht bestandene Prüfung ihrer Tochter, als ob die Tochter das Ergebnis nicht selbst schon schlimm genug fände. Leistungsscheu, verantwortungslos, vergnügungssüchtig und oberflächlich, so sind die jungen Leute heute, klingt es in ihren Ohren, und mit jedem weiteren Missgeschick festigt sich das Bild: Ich bin eine schlechte Tochter.

Nicht das Wunschbild von der perfekten Mutter und der Traum von der idealen Tochter helfen zu einem guten und erfüllten Leben, sondern das Bemühen um eine realistische Sicht, die der Lebenswirklichkeit entspricht.

Wenn die Mutter-Tochter-Beziehung idealisiert wird, ist es höchst schwierig, in der Mutter und in der Tochter ganz normale Frauen in ihrer ganzen Vielschichtigkeit und Widersprüchlichkeit zu sehen.

Das realistische Bild bedeutet: Eine Mutter ist auch bloß ein Mensch, mit Stärken und Schwächen, mit Fehlern und Versäumnissen, mit großartigen Gaben und schlechten Gewohnheiten, mit selbstloser Liebe und egoistischen Gelüsten. Genauso wie die Tochter auch solch ein vielschichtiger Mensch ist. Eine Mutter kann nicht alles, und sie muss es auch nicht können, ebenso wie eine Tochter nicht so werden kann und muss, wie es der Idealvorstellung entspricht.

Man tut Müttern und Töchtern keinen Gefallen, wenn man sie an Idealvorstellungen misst, denn das sind unrealistische Wunschbilder, die der Wirklichkeit des Lebens nicht standhalten. Der Blick für die Realität und die Bereitschaft, einem Menschen mit allen seinen Entfaltungsmöglichkeiten zu begegnen, gehen dabei verloren.

2. Das klärende Gespräch

Das Bemühen um eine realistische Sicht der Mutter-Tochter-Beziehung ist der erste Schritt auf dem Weg zu einem friedlichen und erfüllten Zusammenleben. Die vielen Beispiele für ein gutes, gelungenes oder ein schlechtes, belastetes Verhältnis zeigen, dass keine Mutter nur Heilige und keine Tochter nur Hexe ist und umgekehrt. Wenn beide selbst leben und die andere leben lassen wollen, brauchen sie die Bereitschaft, ihre Beziehung bewusst zu bearbeiten. Sich selbst und die andere verstehen zu wollen, geschieht meistens nicht von allein, sondern ist ein hartes Stück Arbeit.

Um meine Mutter zu verstehen, muss ich sie kennen. „Natürlich kenne ich meine Mutter", werden Frauen einwenden, „schließlich lebe ich seit zwanzig, dreißig oder mehr Jahren mit ihr mehr oder weniger eng zusammen. Ich kenne alle ihre Macken und Marotten genauso wie ihre Stärken und guten Seiten." Das mag wahr sein, und trotzdem meine ich, dass das Kennen mehr umfasst als die gemeinsam erlebte Geschichte. „Erzähl von früher, Mutti, von deiner Kindheit und Jugendzeit und wie du Papa kennen gelernt hast", habe ich als Kind immer wieder gebettelt. Ich habe es aus Neugier getan und weil die Dinge so anders waren. Und meine Mutter hat bereitwillig auf alle meine Fragen geantwortet. So habe ich schon ganz früh meine Mutter mit ihrer Geschichte und ihren Wurzeln kennen gelernt. Ich hörte von sorglosen Kindertagen, aber auch, dass ihr Vater an ihrem fünfzehnten Geburtstag beerdigt wurde, woraufhin sie jahrzehntelang ihren Geburtstag nicht mehr feierte. Später habe ich dann von schweren Zeiten in ihrer jungen Ehe erfahren, von Ängsten und Sorgen um den täglichen Bedarf. Ich lernte vor allem, was ihr in den vielen Schwierigkeiten immer Halt und Hoffnung gegeben hatte: ihr fester und lebendiger Glaube an Jesus und ihre Kraftquelle, das Gebet.

Durch all diese Erzählungen erschien meine Mutter in einem ganz anderen Licht, und ich begann Stück für Stück zu verstehen, warum sie so war, wie sie war.

Nicht nur die gemeinsam erlebte Geschichte macht das Bild einer Mutter aus. Um sie richtig verstehen zu können, besonders auch in ihren unangenehmen Eigenschaften, in ihren unverständlichen Reaktionen, ihrem ungerechten Verhalten, muss man oft weit in die Vergangenheit zurückgehen.

Da werden einem vielleicht plötzlich die Augen geöffnet, und man versteht, was vorher nicht zu verstehen war.

Von einer Frau erfuhr ich die folgende Geschichte: „Ich habe immer darunter gelitten, dass meine Mutter meine jüngere Schwester offensichtlich vorgezogen hat. Sie durfte sich alles erlauben, ich dagegen konnte noch so erfolgreich und tadellos sein, es wurde immer nur als selbstverständlich genommen. Nach vielen Jahren des spannungsreichen Vergleichens erzählte meine Mutter – und sie war dabei immer noch sichtlich betroffen –, dass wir beide, meine Schwester und ich, in ihren Augen so ungleiche Startbedingungen hatten. Als junge Frau hatte sie sich auf mich als ihr erstes Kind sehr gefreut, während sie Jahre später in einer sehr unglücklichen Ehesituation eine weitere Schwangerschaft als Katastrophe empfand. All die Jahre hindurch hatte ihr schlechtes Gewissen sie zu der Ungleichbehandlung geführt. Es hat meine vielen Verletzungen nicht ausgelöscht, aber ich konnte meine Mutter in ihrem Verhalten nun besser verstehen. Ohne dieses Gespräch wäre das nicht möglich gewesen."

3. Die belastende Schuldfrage

Manches, was die Beziehung zwischen Mutter und Tochter belastet, kann durch offene Gespräche geklärt werden.

Die beiden können so Missverständnisse entdecken und ausräumen. Schweigen und Sprachlosigkeit sind immer schädlich für Beziehungen. Sie verleiten dazu, dass man sich sein eigenes Bild macht, ohne die wirklichen Absichten des anderen genau zu hinterfragen und zu verstehen. „Das habe ich doch gar nicht so gemeint“, ist denn auch ein oft gebrauchter Satz in freundlichen oder weniger freundlichen Auseinandersetzungen. Und es ist gut, wenn Missverständnisse in ein echtes Verstehen verwandelt werden.

Trotzdem gilt dies nicht für alle Gelegenheiten, und nicht jede Verletzung lässt sich auf ein Missverständnis zurückführen. So kommen wir an der unangenehmen und belastenden Frage der Schuld nicht vorbei.

Früher wurde in der Regel alle Schuld den Kindern gegeben, wenn sie nicht so gerieten, wie sie sollten. Auch Christen haben oft gemeint, Gott stehe nur auf der Seite der Eltern. Dabei beriefen sie sich auf das vierte Gebot: „Du sollst deinen Vater und deine Mutter ehren“ (2. Mose 20,12). Wenn man darunter die einseitige Unterwerfung der Kinder unter den Willen der Eltern – ob dieser Wille nun gut oder schlecht ist – meint, dann ist dies ein schlimmer Missbrauch von Gottes Gebot. Denn dabei wird die Fortführung des Gebotes vergessen, wie sie im Epheserbrief steht: „Ihr Väter, reizt eure Kinder nicht zum Zorn, sondern erzieht sie in der Zucht und Ermahnung des Herrn“ (Epheser 6,4). Das Gebot, das auf die soziale Absicherung der Eltern im Alter zielt, wird dadurch ergänzt, dass sich Gott in Jesus ganz eindeutig auch zum Anwalt der Kinder gemacht hat, wenn es heißt: „Wenn aber jemand einem dieser Kleinen, die an mich glauben, Anlass zur Sünde gibt, für den wäre es besser, dass ein Mühlstein an seinen Hals gehängt und er in die Tiefe des Meeres versenkt würde" (Matthäus 18,6).

Erst die moderne psychologische Forschung hat gezeigt, wie sehr Schwierigkeiten von Menschen mit den Entwicklungsbedingungen im Elternhaus zusammenhängen. Dies hat dann allerdings zu einer einseitigen Verurteilung der Eltern geführt. Nun waren plötzlich nicht mehr die Kinder, sondern die Eltern – besonders die Mutter – an allem schuld.

Eine siebzigjährige Frau, Mutter von zwei Töchtern, erzählte mir, dass sie vor kurzem ein Buch über Kindererziehung gelesen habe, und nun, wo doch alles zu spät sei, hätte sie erkannt, was sie alles in der Erziehung ihrer beiden Mädchen falsch gemacht habe. Sie war sehr betroffen und traurig über diese späte Erkenntnis und fühlte sich für alles schuldig, was im Leben ihrer Töchter schief gelaufen war.

Auch aus Sicht der Töchter ist oft zu hören, dass sie Fehlentwicklungen und falsche eigene Verhaltensmuster vor allem ihren Müttern anrechnen. „Meine Mutter hat mich als Kind immer gezwungen, eine Sache, die ich einmal angefangen hatte, auch zu Ende zu führen", klagte eine inzwischen dreißigjährige Frau, „und heute noch leide ich darunter, dass ich an Dingen festhalten muss, selbst wenn ich längst gemerkt habe, dass sie nicht gut für mich sind." Eine einseitige, überzogene Schuldzuweisung im Sinne „Mütter sind immer schuld" ist falsch und verhindert, dass die Tochter Verantwortung für ihr eigenes Leben übernimmt.

Viele Töchter stehen unter dem ständigen Druck, ihren Müttern etwas schuldig geblieben zu sein. Sie haben die Erwartungen nicht erfüllt, die die Mutter in sie gesetzt hat. Oder sie haben die Aufopferung der Mutter nicht genügend gewürdigt und mit Dankbarkeit vergolten.

Schuldgefühle verleihen Macht – dem, der sie erzeugt – und ein ständiges schlechtes Gewissen – dem, der sie erleidet. Manche versuchen dann, diese Schuldgefühle mit besonderer Zuwendung in mühevoller Kleinarbeit abzuarbeiten. Sie telefonieren, schreiben Briefe, machen Besuche und backen Torten. Aber das alles nicht mit Freude und aus Liebe, sondern mit schlechtem Gewissen und dem Gefühl, es sei doch immer noch nicht genug. So führen diese mühsamen Versuche dann meistens nicht zum erhofften Erfolg, sondern werden zu einem jahrelangen, nie endenden Krampf im Wiedergutmachungs-Prozess.

4. Die befreiende Versöhnung

Wo bleiben wir mit unseren Schuldgefühlen, ob sie nun berechtigt sind oder nicht? Und wo bleiben wir erst recht mit unserer tatsächlichen Schuld?

Für Christen gibt es einen besseren und erfolgreicheren Weg, als es das „Abarbeiten" von Schuld jemals sein kann. Das Wissen um die Unvollkommenheit und Schuldhaftigkeit des Menschen ist eine realistische Diagnose und führt zu einer erfolgreichen Therapie. Die Schuldzusammenhänge, in die wir verstrickt sind, sind oft viel zu kompliziert, als dass wir sie ganz entwirren könnten. So stehen auch Mütter und Töchter in der Kette von „schuldig werden" und „Schuld erleiden". Dabei ist klar, dass Schuld zwischen Menschen auch immer gleichzeitig Schuld vor

Gott ist. Aus eigener Anstrengung können wir diesem Teufelskreis nicht entkommen. Und damit wir nicht im Misstrauen, in der Resignation oder der Bitterkeit enden, macht die Bibel ein wunderbares Angebot: die Vergebung. Und das auf zweierlei Weise: um Vergebung bitten und Vergebung gewähren.

Wenn Schulden nicht beizeiten bezahlt werden, häufen sie sich auf, und es kommt schließlich zum Konkurs. Wenn Schuld zwischen Menschen nicht ausgesprochen und vergeben wird, dann entstehen Schuldenberge, über Jahre gesammelt und schließlich so riesig, dass sie jede gute Beziehung unmöglich machen.

Dabei bedeutet vergeben nicht automatisch vergessen, wie so leicht und schnell gesagt wird. Es bedeutet auch nicht, einen Konflikt einfach zuzudecken, so zu tun, als gäbe es ihn nicht, nach dem Motto: „Schwamm drüber." Vergeben darf auch nicht mit Toleranz verwechselt werden, so als ob alles relativ wäre und es kein objektives Gut und Böse, Richtig und Falsch gäbe. Richtiges Vergeben bedeutet: Schuld beim Namen nennen und dann nicht mehr anrechnen.

Das ist nun leichter gesagt als getan, und deshalb möchte ich hier etwas weiter ausholen und mich mit dem biblischen Verständnis von Vergebung beschäftigen.

Wenn wir von Vergebung sprechen, haben wir vielleicht das Bild einer tränenreichen, stark emotionalen Versöhnungsszene vor Augen. Aber es geht hier nicht in erster Linie um Gefühle, sondern richtiges Vergeben beginnt mit einer Willensentscheidung. Dabei ist der erste Schritt der Verzicht auf eine Anklage, auch wenn sie nach dem eigenen Gefühl völlig berechtigt wäre. An die Stelle der Vergeltung und Abrechnung soll die Vergebung treten.

Vielleicht ist die emotionale Betroffenheit so stark, dass

das Vergeben schier unmöglich erscheint. Aber der *Wille* zum Verzicht auf das Eintreiben der Schulden wird gefordert, und der ist möglich. Wenn wir Groll und Unversöhnlichkeit in unserem Herzen festhalten, macht uns das unfrei. Es vergiftet unsere Beziehung zu anderen Menschen, schadet unserer Arbeit, oft sogar unserer Gesundheit. Gefühle der Verbitterung vergiften unser Innenleben und tun weh. Obwohl wir dies merken, ist es doch unendlich schwer, diese Gefühle loszuwerden. Oft halten wir zäh am Gefühl der Anklage fest und geraten so immer tiefer in den Teufelskreis von Aufrechnung und Heimzahlung. Dabei sollten wir doch eigentlich alles daransetzen, diese belastenden Gefühle loszuwerden. Allerdings geschieht dies nicht von allein, sondern wir müssen dafür einen entsprechenden Willensentschluss fassen.

Vergeben beginnt mit einer Willensentscheidung.

Jesus macht unmissverständlich klar, wie wichtig die Vergebung ist. Er erzählt ein Beispiel von einem Knecht, dem von seinem Herrn eine riesige Schuld erlassen wird und der dann hingeht und die vergleichsweise kleine Schuld seines Mitknechtes einfordert (Matthäus 18). Das lenkt den Blick in eine neue Richtung. Nun bin ich nämlich selbst die, die nicht nur Schuld erleidet, sondern auch Schuld zufügt. Wenn mir klar wird, dass ich selbst schon oft schuldig geworden bin und immer wieder schuldig werde, sollte ich doch eigentlich viel leichter vergeben können.

Gegenseitige Vergebung ist für alle menschlichen Beziehungen wichtig, und sie gilt auch in besonderer Weise für alle Mütter, die ihren Töchtern Schuldgefühle vermitteln, und für alle Töchter, die meinen, dass ihre Mütter an den Fehlentwicklungen in ihrem Leben die Schuld tragen.

Es ist gut, wenn das Thema Vergebung das ganze Leben von Müttern und Töchtern bestimmt, von der Phase mit den kleinen Kindern bis hin zu der Zeit, wenn die Mütter selbst alt und hilfsbedürftig geworden sind. Dann können keine großen Schuldenberge entstehen, die später immer schwerer wiegen und schwieriger zu vergeben sind. Dazu gehört viel Bereitschaft zum offenen Gespräch. Da muss man eigene Schwächen und Fehler eingestehen können und auf Macht verzichten. Dann wird es ein herzliches und friedliches Miteinander von Mutter und Tochter geben.

Aber was ist zu tun, wenn nach menschlichem Ermessen die Dinge wirklich nicht mehr zu reparieren sind? Dies gilt besonders für den Fall, wenn es keine Möglichkeit der Versöhnung mehr gibt, weil die Mutter inzwischen gestorben ist. Eine Frau sagte einmal: „Seit meine Mutter gestorben ist, bin ich keine Tochter mehr." Das mag im juristischen Sinne richtig sein; von der Lebenswirklichkeit und Lebenserfahrung her stimmt es aber nicht. Da trifft eher zu, was ich an anderer Stelle schon zitierte: „Ich dachte, ihr Tod sei eine Erlösung für mich, aber nun verfolgt sie mich in meinen Schuldgefühlen mein Leben lang." Wir bleiben Töchter unserer Mütter, auch über deren Tod hinaus. Das Kapitel der Mutter-Tochter-Beziehung wird nicht durch den Tod abgeschlossen, sondern wenn wir Frieden darüber gefunden haben. Und echten Frieden kann man nur finden, wenn keine alten Rechnungen mehr offen sind. Der Weg zur Vergebung lohnt sich immer. Denn Vergeben verändert nicht nur die Gefühle und die Gedanken, sondern auch das weitere Verhalten.

Wenn wir Schuld erkennen und Gott von Herzen um Vergebung bitten, dann hat auch kein Mensch mehr das Recht, uns Schuldgefühle zu machen und Schuld anzurechnen. Und dann ist der Weg frei zu einer guten und herzlichen Beziehung zwischen Mutter und Tochter, auch über den Tod hinaus.

Ich hatte, solange ich denken kann, ein normales, eher gutes als problematisches Verhältnis zu meiner Mutter. Da gab es keine gegenseitigen Anklagen und Vorwürfe. Wir haben uns immer gut verstanden, konnten uns streiten und wieder vertragen. Es stand also keine bewusste Schuld zwischen uns.

Der Weg zur Vergebung lohnt sich immer.

Trotzdem ist mir ein Erlebnis ganz besonders zu Herzen gegangen. Die schwere Zeit mit meiner Mutter vor ihrem Tod ist in meinem Leben nicht ohne Spuren geblieben. Zu den ganz besonders eindrücklichen Erlebnissen gehört eine Nacht auf der Intensivstation im Krankenhaus. Der Arzt hatte angerufen und mir gesagt, meine Mutter würde diese Nacht nicht überleben.

Sie war völlig klar bei Bewusstsein, und ich saß an ihrem Bett mit der Bibel und dem Gesangbuch in der Hand, weil ich wusste, sie würde gern ein paar Verse hören. Plötzlich hatte ich das starke Verlangen, meine Mutter um Vergebung zu bitten. Mir war keine besondere Schuld bewusst. Aber ich wollte ihr alle unbewusste Schuld, alle schuldig gebliebene Liebe, alle kleinen Unfreundlichkeiten und alle Unterlassungen sagen. Und da durfte ich etwas Wunderbares erleben. Meine Mutter, geschwächt von der Krankheit und mit dem Tod vor Augen, sagte: „Vergib du mir meine Schuld, so wie ich dir vergebe." Sie nahm die Bitte aus dem Vaterunser, stellte sich und mich vor Gott und bezog sich selbst mit ein in die Kette der Schuldverstrickung zwischen Menschen, auch zwischen Müttern und Töchtern.

Meine Mutter überlebte diese Nacht. Sie starb drei Wochen später. Ich konnte sie in dem Bewusstsein gehen lassen, dass sie mir etwas unvergleichlich Wertvolles hinterlassen hatte: das Erlebnis der Befreiung durch Versöhnung.

5. Die innere Heilung

Nicht immer ist es möglich, durch gegenseitige Vergebung zu einer echten Versöhnung zu kommen. Es kann sein, dass eine der Betroffenen völlig uneinsichtig ist und rechthaberisch auf der eigenen Meinung beharrt. Es kann sein, dass eine der beiden zu alt oder krank ist, um noch ein vernünftiges Gespräch führen zu können. Oder die räumliche Entfernung verhindert eine Versöhnung, oder der Tod macht sie endgültig unmöglich. Für die Zurückgebliebene – meist die Tochter – ist es aber trotzdem wichtig, zum Frieden mit der Mutter und so auch zum Frieden mit sich selbst zu kommen.

Manchmal verblassen böse Erinnerungen mit der Zeit und verlieren die Macht, die sie über den Menschen einmal hatten. Meistens geht es jedoch nicht ohne eine bewusste Aufarbeitung.

Oft können wir böse Worte auch trotz Gespräch und Versöhnungsversuch einfach nicht vergessen. Da hilft ein „Ich habe es doch gar nicht so gemeint“ wenig, und auch ein „Es tut mir Leid“ kann die ganz schlimmen Verletzungen nicht heilen und die ganz bösen Worte zurückholen.

Es gibt Verletzungen, die so schwer sind und so weh tun, dass ein anderer Helfer, ein wirklicher Heiland, bei der Behandlung helfen muss. Nur Gott selbst kann die tiefen Verletzungen heilen, die Menschen sich zugefügt haben. Und das ist die wunderbare Erfahrung vieler, die diese Hilfe von Gott in Anspruch genommen haben, dass er helfen und heilen will, wenn wir es nur zulassen und ihn darum bitten. Wenn wir ihm die Wunde hinhalten, ihm unseren Schmerz sagen, dürfen wir auch fest damit rechnen, dass er uns tröstet, wie einen seine Mutter tröstet, so wie er es uns versprochen hat (Jesaja 66,13).

Auf Klassenfahrten ergibt sich manchmal die Gelegenheit zu einem persönlichen Gespräch, ohne dass es absichtlich herbeigeführt wird. So war es auch dieses Mal. Schon längere Zeit habe ich bemerkt, dass Simone bedrückt und niedergeschlagen wirkt. Irgendetwas stimmt da nicht, es muss etwas Einschneidendes passiert sein, denn sie war sonst nicht so.

Nur stockend kommt ein Gespräch in Gang. Aber dann bricht es in einem Schwall von Worten und Tränen heraus: „Meine Eltern wollen sich scheiden lassen. Meine Mutter hat es mir vor drei Wochen gesagt. Das ist ganz schrecklich für mich, aber ich habe es schon fast geahnt nach allem, was in der letzten Zeit bei uns gewesen ist. Doch das Schlimmste ist, dass ich die Schuld habe am Unglück meiner Mutter. Wenn ich nicht wäre, dann hätte sie meinen Vater nicht geheiratet. Sie hat mir gesagt, dass sie mich von Anfang an gar nicht gewollt hat. Ich bin nur ein Betriebsunfall."

Es gehört wohl zu den schlimmsten Verletzungen einer Tochter, von ihrer Mutter diesen Satz zu hören: „Ich habe dich nicht gewollt."

In unserem Gespräch konnte ich diesem tief verletzten Mädchen ganz vorsichtig zeigen, dass es nie vom Willen eines Menschen abhängt, wenn neues Leben entsteht. Nur Gott, der Schöpfer allen Lebens, bestimmt über das Ob und Wann eines neuen Lebens. Ich konnte sie mit den Worten Gottes trösten, der sagt: „Ich kannte dich, Simone, ehe ich dich im Mutterleibe bereitete" (siehe Jeremia 1,5), und: „Ich habe dich bei deinem Namen gerufen, Simone, du gehörst mir“ (siehe Jesaja 43,1).

Auch ein Liedtext von Jürgen Werth war hier besonders hilfreich: „Du bist gewollt, kein Kind des Zufalls, keine Laune der Natur. Du bist ein Gedanke Gottes, ein genialer noch dazu. Du bist du.“

Ähnlich schmerzhaft ist auch die Äußerung, die man in der heutigen Zeit leider immer noch hören kann: „Du solltest eigentlich ein Junge werden. Wir hatten es uns so sehr gewünscht. Aber nun bist du eben nur ein Mädchen.“

Immer wiederkehrende Verletzungen sind bei Töchtern besonders die Punkte, dass Geschwister deutlich vorgezogen werden. Der ständige Vergleich mit den erfolgreichen Geschwistern oder anderen Verwandten verletzt das Selbstwertgefühl ebenso wie der Vorwurf des Versagens. Dies kommt häufig vor, wenn Mütter von ihrer Tochter mehr verlangen, als sie leisten kann, und dann die Tochter als ewige Versagerin abgestempelt wird.

Ein weiterer Punkt, den ich schon in vielen Gesprächen mit Töchtern gehört habe, ist die Ablehnung des Freundes oder Ehepartners der Tochter durch die Mutter. Es verletzt die Tochter tief, wenn die Mutter den Menschen, den die Tochter am meisten liebt, nicht standesgemäß oder zu wenig erfolgreich findet. Wenn der Schwiegersohn der Schwiegermutter nichts recht machen und immer nur mit ihrem negativen Urteil rechnen kann. Ebenso verletzend für Töchter ist die negative Beurteilung der Kinder, besonders wenn sie wirklich schwierige Phasen durchleben und die Mutter selbst mit ihrer Weisheit am Ende ist.

Aber es sind nicht immer nur die Mütter, die ihre Töchter verletzen, sondern es geschieht auch umgekehrt.

„Alles habe ich in meinem Leben getan für meine Tochter, damit sie es einmal besser haben sollte als ich. Meine

Zeit, meine Arbeitskraft, mein Geld habe ich ihr gegeben, damit sie eine gute Ausbildung haben sollte. Und dann hat sie Abitur gemacht und studiert und einen akademisch gebildeten Mann geheiratet. Und nun darf ich mich nicht mehr sehen lassen bei ihrer großen, vornehmen Geburtstagsfeier in den ‚besseren Kreisen'. Schon damals zu Schulzeiten habe ich gemerkt, wie sie sich mit mir geschämt hat vor ihren Freunden. Aber heute, wo ihr der soziale Aufstieg doch nur mit meiner Hilfe gelungen ist, da bin ich abgeschrieben, nicht mehr gut genug für ihre Welt." Die Verletzung bei dieser Mutter geht tief. Verbitterung liegt in ihren Worten, und menschlich gesehen ist die Lage wohl aussichtslos.

Dasselbe erlebt man oft bei Menschen, die in Altenheimen leben. Es mag berechtigt oder unberechtigt sein, aber das Gefühl des Abgeschobenseins tut den Betroffenen sehr weh. Und es ist auch nicht immer eingebildet. Besonders, wenn die Kinder selten oder gar nicht zu Besuch kommen.

Alle diese genannten Dinge gibt es häufig. Dazu kommen noch die vielen Verletzungen, die aus der ganz persönlichen Situation entstehen. Sie heilen nicht von allein, sondern brauchen eine besondere Behandlung.

Es ist gut und tut gut, wenn solche schlimmen Verletzungen der Seele ausgesprochen werden. Das nimmt ihnen die böse Macht der Heimlichkeit. Schon allein die Mühe der Formulierung zwingt zur gedanklichen Auseinandersetzung mit dem Problem. Dadurch wird eine Distanz geschaffen, und die emotionale Verkrampfung kann sich leichter lösen.

Es ist am besten, wenn dies nicht nur in einem Gespräch von Mensch zu Mensch geschieht, sondern auch in einem Gespräch mit Gott, im Gebet. Dabei kann ein anderer Mensch als Gebetspartner und Zeuge sehr hilfreich sein, weil er selbst nicht so emotional beteiligt ist und weil er als Seelsorger Zuspruch geben kann.

Es gibt auch die Möglichkeit, die schmerzhaften Gedanken und Gefühle in einem Brief an Jesus aufzuschreiben. Sie loszulassen und an ihn abzugeben. Diesen Brief kann man entweder ganz für sich behalten oder ihn einem Seelsorger geben mit der Bitte, ihn zu vernichten. Man kann auch gemeinsam vor Gott treten und ihn um Heilung und Segen bitten.

Es gibt Anleitungen zum Gebet um innere Heilung, die sehr hilfreich sind. So kann ein Fragenkatalog zum vierten Gebot zum Beispiel auf die Punkte aufmerksam machen, die der inneren Heilung bedürfen. Es sind Fragen, die an Eltern und Kinder gerichtet sind und aus der persönlichen Rolle als Mutter oder Tochter oder beidem beantwortet werden können. Etwa diese:

Welche Empfindungen kommen in mir hoch, wenn ich an meine Mutter denke? Hasse ich sie, weil ich von ihrer Seite entweder Böses oder zu wenig Liebe erfahren habe? Empfinde ich Groll, wenn ich daran denke, wie sie mir einen bestimmten Partner aufdrängen oder ausreden wollte? Leide ich noch heute darunter, dass sie meine beruflichen Pläne zu durchkreuzen versuchte? Hat sie mich mit ihrer Liebe erdrückt und unfrei gemacht? Habe ich Zurückweisungen und Einmischungen erlitten?

Habe ich dic Würde meiner Mutter geachtet, obwohl ich ihre Fehler kenne? Erweise ich ihr Fürsorge und Liebe? Habe ich genügend Zeit für sie im Alter?

Bin ich selber eine Mutter, die ihre Tochter in ihrer ganz persönlichen Art genügend fördert? Ersticke ich sie mit meiner Liebe? Nimmt meine berufliche Orientierung so viel Raum ein, dass ich an meiner Tochter schuldig werde? Bevorzuge ich eins meiner Kinder? Habe ich sie zum richtigen Zeitpunkt losgelassen? Mache ich meiner Tochter mit meinen Erwartungen ein schlechtes Gewissen?

Solche und viele ähnliche Fragen, die aus der ganz persönlichen Geschichte erwachsen, müssen ehrlich beantwortet werden. Dadurch werden die Wunden, die ich erlitten und die ich geschlagen habe, offen gelegt. Und das ist der erste Schritt zur Heilung. Wenn ich dann Gott alle meine schmerzlichen Erinnerungen übergebe und ihn bitte, alle Motive meiner Handlungen und Quellen meiner verletzten Gefühle zu nehmen und zu heilen, dann wird er es tun. Er kennt mich besser, als ich selbst mich kenne. Und er, der Gott des Friedens, will mich durch und durch heiligen und meinen Geist samt Seele und Leib unversehrt bewahren, denn er ist treu, der mich ruft (nach 1. Thessalonicher 5,23-24).

6. Die beste Mitgift: Das Gebet

Der Himmel ist bedeckt, grau, und schwer lasten die Wolken, vielleicht gibt es bald Regen. Es sind kaum Menschen unterwegs. Nur ab und zu kommt ein Radfahrer oder ein Spaziergänger vorbei, und er mag sich wohl wundern über die einsame Frau, die schon seit Stunden auf der Bank am See sitzt. Äußerlich unbeweglich, doch innerlich voller Aufruhr.

Was von außen nicht zu sehen ist, ist der bewegende Gebetskampf einer Mutter. Einige Stunden zuvor hatte sie den Anruf ihrer Tochter erhalten, die weit entfernt lebt. Sie hat gerade die Mitteilung bekommen, dass das Untersuchungsergebnis die schlimme Befürchtung bestätigt hat: Ja, es ist Krebs. Nach dem ersten Schreck versuchte die Mutter zu trösten, aufzumuntern, Hoffnung zu geben.

Doch ihr eigenes Herz ist so betroffen und verzagt, dass es ihr nicht recht gelingen will, Mut und Hoffnung zu vermitteln. Da bleibt ihr nur noch eins: die Zuflucht bei dem, der von sich selbst sagt: „Ich bin der Herr, dein Arzt", und der besser helfen und trösten kann als die beste Mutter der Welt.

Es ist nicht das erste Mal, dass diese Frau sich in Not und in ausweglos erscheinenden Situationen ins Gebet flüchtet. Sie sitzt auch nicht zum ersten Mal auf dieser Bank am See. Oft schon hat sie hier ihr Herz ausgeschüttet und mit Gott geredet und gerungen und jedes Mal eine Antwort bekommen. Nicht immer die erwünschte, aber doch eine Antwort, die ihr Hoffnung gab und weiterhalf.

Heute ist die Not besonders groß, und die Ohnmacht, selbst nicht praktisch helfen zu können, macht sie noch schlimmer.

„Herr, hilf mir! Hilf meiner Tochter! Mach sie gesund!" So betet sie wieder und wieder. Mit der Gewissheit, dass Jesus sie hört, aber ohne die Gewissheit, dass er ihre Bitte erhört. „Ich weiß, dass ich keinen Anspruch auf deine Hilfe habe, aber ich flehe dich an um deiner grundlosen Liebe willen, erhöre mein Gebet." Stundenlang wiederholt sie ihre Bitte, mal verzweifelt, mal klagend, mal fordernd, mal mutlos, mal voller Glauben und Hoffnung. „Gib mir ein Zeichen, dass du mich erhörst."

Da geschieht etwas Wunderbares, völlig Unvermutetes: Die graue, schwere Wolkendecke reißt für einen Augenblick auf, und ein heller Strahl der blassen Wintersonne bricht hervor. Dann ist es wieder grau und trübe wie zuvor. Aber die Mutter hat verstanden. Sie weiß nun: Gott schweigt nicht. Er kennt die Tochter, er kennt ihre Not. Er lässt sie nicht allein. Er will und wird ihr helfen. Wie auch immer.

So steht die Frau auf, streckt die kalt und steif gewordenen Glieder und macht sich innerlich gewärmt und gestärkt auf den Weg nach Hause.

Einige Tage später erfährt sie, dass die Aussichten der begonnenen Therapie sehr positiv sind und die Tochter wieder mit Hoffnung in die Zukunft blickt.

Ein Beispiel für die vielen Gebete verzweifelter Mütter für ihre Töchter, seit den Tagen, als eine Frau aus der Gegend von Tyrus und Sidon Jesus mit ihrer Bitte um Heilung für die kranke Tochter bestürmt. Ihr Schrei: „Ach Herr, du Sohn Davids, erbarme dich meiner!“, klingt durch die Zeiten in den Gebeten der verzweifelten Mütter. Da, wo alles eigene Helfen, Raten, Trösten an seine Grenzen kommt, wo Mütter ohnmächtig zusehen müssen, wie ihre Töchter leiden, in schlimme Situationen geraten oder falsche Wege gehen, gibt es diese einzigartige Möglichkeit, die Tochter im fürbittenden Gebet vor Gott zu tragen.

Auch als Jesus zunächst gar nicht und dann abweisend antwortet, weil er für diese Frau aus einem fremden Land nicht zuständig ist, gibt sie nicht auf. Sie weiß, dass sie keine „Privatpatientin“ mit dem Anspruch auf Chefarztbehandlung ist. Sie stellt sich bereitwillig hinten an und gibt sich mit dem zufrieden, was übrig ist. Sie fällt vor Jesus nieder und glaubt einfach, dass seine geteilte Zuwendung für sie immer noch genügend göttliche Kraft hat, um ihre Tochter zu heilen. Sie lässt nicht locker in ihrer wiederholten Bitte. Und so verwandelt sich ihr Blick, weg von der Not hin zum Glauben. Im Glauben traut sie Jesus alles zu. Und dieser Glaube ist es, der die Hilfe bringt. „Frau, dein Glaube ist groß. Dir geschehe, wie du willst. Und ihre Tochter wurde gesund zu derselben Stunde“ (Matthäus 15,28).

Es ist gut, wenn Mütter für ihre Töchter beten können

und wenn sie dies regelmäßig und in bestimmten Notlagen besonders tun.

Es ist noch besser, wenn Mütter *mit* ihren Töchtern beten können. Wenn sie beizeiten diesen Schatz des Gebetes eingeübt und weitergegeben haben. Wenn Kinder von frühesten Tagen an lernen, dass sie ihre Sorgen und Probleme ebenso wie ihre Freuden und Erfolge Gott sagen können, haben sie einen unvorstellbar großen Schatz fürs Leben.

„Du, Herr Jesus, mach das wieder heile", sagte meine kleine Tochter und zeigte mit der gesunden Hand auf den Verband an der verbrannten Hand. Es war ihr erstes freies Gebet, voller Vertrauen in die Macht und Heilkraft Gottes.

Kein einziges Gebet am Kinderbett ist umsonst. Auch die bekannten, vorformulierten Kindergebete haben ihren Wert. Es kommt nicht selten vor, dass erwachsene Frauen sich nach langen Zeiten des abgebrochenen Gesprächs mit Gott wieder an die Gebete ihrer Kindheit erinnern.

Mich selbst hat das Kinderlied „Solang mein Jesus lebt" mein Leben lang begleitet. Es ist darin vom guten Hirten und vom brüllenden Löwen die Rede. Und es war mir immer tröstlich in Zeiten, „wenn sich die Sonn verhüllt". Ich habe dieses Lied an meine Tochter weitergegeben und weiß von ihr, dass es auch in ihrem Leben nicht ohne Wirkung geblieben ist. Es hat Vertrauen und Hoffnung auf Jesus geweckt: „Mein Jesus liebt mich ganz gewiss. Das ist mein Paradies."

Glaube kann nicht vererbt werden. Auch wenn Mütter es sich noch so sehr wünschen: Glaube ist die ganz einmalige, persönliche Beziehung zu Jesus. Man kann sie nicht lehren oder weitergeben wie das Einmaleins oder andere Fertigkeiten. Aber man kann ein lebendiges Vorbild sein.

Man kann durch gemeinsames Bibellesen, Beten und Gottesdienst-Besuch die Voraussetzungen für einen eigenen, gelebten Glauben schaffen. Dann ist nicht alles fremd und unbekannt, sondern es ist wie eine bekannte Form, die mit lebendigem Inhalt gefüllt wird, wenn die Zeit im eigenen Leben gekommen ist.

Die früheste Erinnerung an meine Mutter geht zurück in ein helles, sonniges Zimmer in einem Altenheim. Dort traf sich meine Mutter mit einer alten Frau zum gemeinsamen Gebet. Sie nahm mich mit, weil sie wohl nicht wusste, wo sie mich sonst lassen sollte. Heute weiß ich, dass eine große Not meine Mutter dort hinführte, damals aber erlebte ich eine wunderbare Geborgenheit im Gebet dieser beiden Frauen, obwohl ich nicht alles verstand, was sie sagten. Aber als kleines Kind hat man eine große Sensibilität für echten, gelebten Glauben und die konkrete Gegenwart Gottes.

Solche Erfahrungen bleiben nicht ohne Auswirkungen. Ich weiß von vielen Frauen, die diese kostbare „Mitgift" des Gebetes von ihren Müttern bekommen haben und sie an ihre Kinder weitergeben.

7. Die große Dankbarkeit

„Wenn du noch eine Mutter hast, so danke Gott und sei zufrieden." So heißt es in einem Gedicht von F.W.Kaulisch aus der Mitte des 19. Jahrhunderts. Auch heute können Tausende von Töchtern auf der Welt in diesen Ausruf einstimmen. Die Mutter-Tochter-Beziehung ist nicht nur ein Problemfeld, sondern in vielen Fällen eine der schönsten und engsten menschlichen Beziehungen überhaupt. Und deshalb wäre die Behandlung dieses Themas unvollständig und nur die halbe Wahrheit, wenn nicht auch eine uneingeschränkte Lobeshymne auf die Mütter gesungen würde. Voller Dankbarkeit und Liebe malen viele Frauen das Bild ihrer Mütter in den schönsten Farben.

Die Mutter-Tochter-Beziehung ist nicht nur ein Problemfeld, sondern in vielen Fällen eine der schönsten und engsten menschlichen Beziehungen überhaupt.

Stellvertretend für alle Töchter, die Ähnliches in ihrem Leben erfahren haben, soll hier der folgende Dankbrief an eine Mutter stehen:

„Meine liebe Mama!
Wie kommt es nur, dass man die wirklich wichtigen Dinge im Leben als so selbstverständlich nimmt, dass man gar nicht darüber redet? Man verliert sich in den vielen Dingen des Alltags, die vielleicht heute wichtig, aber morgen schon längst wieder vergessen sind.

Heute möchte ich einmal das tun, was schon längst dran gewesen wäre, was du vielleicht ahnst und weißt, was ich dir aber so noch nie gesagt habe. Vielleicht ist dir dies jetzt etwas peinlich, aber ich finde, es muss einfach einmal gesagt werden. Also setz dich bequem hin, lehn dich zurück und hör einfach zu, was ich dir alles sagen möchte.

Eigentlich weiß ich gar nicht, womit ich anfangen soll, so viele Situationen und Dinge fallen mir ein, für die ich dir unendlich dankbar bin.

Da ist vor allem die Erfahrung, dass du immer für mich da warst, wenn ich dich ganz besonders brauchte. Nie werde ich vergessen, wie du dich mit fieberhafter Nierenerkrankung ins Auto setztest, um die vielen Kilometer zu mir zu fahren und mich in meinem Liebeskummer zu trösten. Oder deine spontane Bereitschaft, meine Kinder zu versorgen, als mir die Dinge in meinem jungen Haushalt über den Kopf zu wachsen drohten. Nach der misslungenen Prüfung hast du mich getröstet und mir einen Rat vor der wichtigen Berufsentscheidung gegeben. Niemals hast du dich mir aufgedrängt, aber wenn ich dich fragte, so wusste ich, du bist hundertprozentig da.

Besonders gern denke ich auch an die Feste, die du mit großer Liebe und vielen Ideen und Fantasie für mich vorbereitet und durchgeführt hast. Kindergeburtstage zunächst mit Budenfest aus alten Decken und Kisten oder einer chinesischen Reistafel auf dem Fußboden im Wohnzimmer. Nie übertrieben, aber immer sehr lustig. Oder das improvisierte Kostüm als Balletttänzerin in deinem Nachthemd oder als Zigeunerin beim Kindergarten-Fasching. Dann meine Konfirmation, ein unvergessenes Erlebnis, die Gartenparty zum achtzehnten Geburtstag und schließlich meine Hochzeit. Unvergessen all deine Mühe und das wunderbare Gefühl: Ich darf einmal im Mittelpunkt stehen, weil ich dir so wichtig bin.

Und dann die wunderbaren gemeinsamen Erlebnisse, die Tage in London zum Beispiel, und die Tage im Schweigckloster. Heute noch bist du die, mit der ich am liebsten neue Filme und Bücher diskutiere, extravagante Kunstwerke betrachte, lache und lästere. Erinnerst du dich an unseren Lachanfall in der Straßenbahn und unsere nassgeheulten Taschentücher im Kino? Ich weiß, dass du die Zeit, die uns beiden ganz allein gehört, ganz besonders genießt. Aber du hast sie nie bei mir eingefordert und mich nie mit deiner Erwartung unter Druck gesetzt. Dafür bin ich dir ganz besonders dankbar.

Und obwohl du es nie gesagt hast, so ist mir nicht

entgangen, dass du selbst auf so manches verzichtet hast, um für mich etwas möglich zu machen. Und dabei denke ich nicht nur an die Jahre meiner Ausbildung, in denen du dir kein neues Kleid gönnen konntest, weil das Geld nicht reichte. Oft hatte ich das Gefühl, du steckst zurück, damit ich nicht zu kurz komme. Vielleicht wäre es auch anders gegangen, aber so hast du mir viele Unannehmlichkeiten erspart. Ich danke dir dafür.

Dass du selbst so manches Unangenehme für mich ausgehalten hast, ist auch ein Punkt, für den ich dir dankbar bin. Nie werde ich vergessen, wie du zur Direktorin unserer Schule zitiert wurdest, wegen des Tadels, den ich bekommen hatte. Und da saßest du auf der Besucherbank vor dem Sekretariat wie eine Angeklagte vor dem Gerichtssaal.

Du hast dich für mich stark gemacht, wenn es sein musste, aber du hast mich nicht verteidigt, wenn ich Fehler gemacht habe. Und das ist etwas ganz Wichtiges in unserer Beziehung. Ich habe von dir gelernt, was richtig und was falsch ist. Daran hast du nie einen Zweifel gelassen. Ein einziges Mal habe ich Schläge von dir bekommen. Das war, als ich zwei Mark aus deinem Portemonnaie genommen und sie in meinem Schuh versteckt hatte. Hinterher saßen wir beide auf dem Sofa und weinten, denn die Schläge taten dir genauso weh wie mir. Aber auch dafür danke ich dir. Die Werte, die ich von dir gelernt habe, hast du mir vorgelebt. Ordnung, Fleiß, Ehrlichkeit, Pünktlichkeit waren dir immer sehr wichtig. Ich konnte das damals nicht immer so einsehen, aber heute weiß ich, wie wichtig es für mich war, diese Tugenden bei dir zu erleben und von dir zu lernen.

So komisch es klingen mag, aber auch für unsere Auseinandersetzungen und den Streit bin ich dir heute dankbar. Ich habe erlebt, wie Meinungsverschiedenheiten ausgesprochen und lautstark ausgefochten werden konnten. Und dabei warst du nicht automatisch die Siegerin. Streiten und sich vertragen gehörten immer zusammen. Du hast mir beigebracht, dass man sich entschuldigen muss, wenn man etwas falsch gemacht hat. Und ich konnte es von dir annehmen, weil ich erleben durfte, dass du dich selbst auch entschuldigt hast.

Das Wichtigste von allem aber, was ich bei dir sehen und lernen konnte, war dein Glaube an Gott, dein Vertrauen zu ihm, dein lebendiger Kontakt zu Jesus im Gebet und im Lesen der Bibel. Du hast mich nicht nur zur Taufe getragen, sondern auch dafür gesorgt, dass ich Jesus kennen lernen konnte. Du hast mit mir gebetet und gesungen. Du hast mir die Geschichten der Bibel erzählt und auch deine Erfahrungen mit dem Glauben in schweren Zeiten nicht verschwiegen. Wie oft haben wir gemeinsam auf dem Schaffell im Schlafzimmer gekniet und Gott unsere Sorgen vorgetragen. Damit hast du mir das Wichtigste, was dein Leben ausmachte, mitgegeben. Und selbst, als du ganz praktisch nichts mehr für mich tun konntest, hast du dies getan – mich im Gebet vor Gott gebracht. Dafür kann ich dir nie dankbar genug sein.

Nun ist dieser Brief länger geworden, als ich dachte, und dabei enthält er nur einen Bruchteil von dem, was unser gemeinsames Leben über mehr als fünfzig Jahre ausmacht. Aus deiner Sicht mag manches auch ganz anders erscheinen. Doch das sollst du heute einfach wissen: Du bist für mich die beste Mutter, und ich bin Gott dankbar für alles, was ich mit dir erleben und von dir lernen durfte.

In Liebe und großer Dankbarkeit!

Deine Tochter“

Es gibt Zeiten, da überdecken die Schwierigkeiten in der Mutter-Tochter-Beziehung all die guten gemeinsamen Erfahrungen. In solchen Zeiten ist es gut, sich einmal ganz bewusst an all die guten Erfahrungen und Erlebnisse zu erinnern. Vielleicht sollte man sie wie in diesem Brief wirklich einmal sammeln und aufschreiben. Man wird sich wundern, wie viel da zusammenkommt. Und dann wird man staunen und von Herzen sagen können: „Wenn du noch eine Mutter hast, so danke Gott und sei zufrieden.“

Ein persönlicher Blick nach vorne

Während ich an diesem Buch arbeite, teilt mir meine Tochter mit, dass sie ein Kind erwartet. Meine Freude darüber ist groß. Wir freuen uns gemeinsam mit ganz unterschiedlichen Gefühlen auf ihr erstes Kind, mein erstes Enkelkind. Ich darf erleben, wie der Generationenkette ein weiteres Glied angefügt wird, ganz neu und einmalig und doch verwurzelt und verwoben in die lange Geschichte zweier Familien. Ich darf zusehen, wie aus meiner Tochter eine Mutter wird, und ich bin gespannt darauf, wie sie ihre neue Rolle annehmen und gestalten wird.

Wie wird sie ihr Muttersein leben? Werde ich mich selbst darin wiedererkennen? Oder wird sie sich abgrenzen und bewusst alles ganz anders machen? Ob sie mich brauchen und um Rat fragen wird?

Und auch meine neue Rolle als Oma wird neue Herausforderungen für mich bringen – in der Beziehung zu meiner Tochter und zu dem Kind. Es wird eine andere Art von Liebe sein als zu meinen eigenen Kindern, weil sie ohne Erziehungsanspruch und ohne die damit verbundene Verantwortung ist. Das macht diese Liebe ganz frei und einzigartig.

Ich freue mich sehr auf diese neue Rolle und werde auf jeden Fall dies eine tun: Mein Enkelkind, das ich schon jetzt lieb habe, im Gebet zu Gott tragen und ihn um seinen Segen bitten für Mutter und Kind und alles, was sie zusammen erleben werden.

Becky Freeman

Wie Schokoeis und Peperoni

oder: Doch, doch – ich liebe meinen Mann!

160 Seiten. Paperback
Bestell-Nr. 3-7655-1246-X

Männer und Frauen können sich einfach nicht verstehen – oder wie schmeckt Ihre Partnerschaft? Lachen, Liebe, Leidenschaft, aber auch hitzige Diskussionen, Temperamentsausbrüche und knallende Türen? Kein Zweifel: Sie sind ein Schoko-Peperoni-Paar.
Becky Freeman lässt uns „hinter die Kulissen“ einer solchen „Dauerbaustellen-Ehe“ schauen. Garniert mit viel Verständnis für all die kleinen Tücken des Ehe-Alltags serviert sie ihre offenherzigen und amüsanten Notizen mit gerade dem Schuss Humor, der immer wieder Lust macht auf einen kleinen Nachschlag ...